원칙으로 수익 내는
단타의 기술

원칙으로 수익 내는 단타의 기술

초판 1쇄 발행 · 2024년 5월 31일
초판 7쇄 발행 · 2025년 1월 3일

지은이 · 원정연(만쥬)
발행인 · 이종원
발행처 · (주)도서출판 길벗
출판사 등록일 · 1990년 12월 24일
주소 · 서울시 마포구 월드컵로 10길 56(서교동)
대표 전화 · 02)332-0931 | **팩스** · 02)323-0586
홈페이지 · www.gilbut.co.kr | **이메일** · gilbut@gilbut.co.kr

기획 및 책임편집 · 이재인(jlee@gilbut.co.kr) | **제작** · 이준호, 손일순, 이진혁
마케팅 · 정경원, 김진영, 류효정, 조아현 | **유통혁신팀** · 한준희
영업관리 · 김명자, 심선숙, 정경화 | **독자지원** · 윤정아

교정교열 · 정은아 | **디자인 및 전산편집** · 바이텍스트
CTP 출력 및 인쇄 · 예림인쇄 | **제본** · 경문제책

정가 22,000원

독자의 1초를 아껴주는 길벗출판사
(주)도서출판 길벗 | IT교육서, IT단행본, 경제경영, 교양, 성인어학, 자녀교육, 취미실용 www.gilbut.co.kr
길벗스쿨 | 국어학습, 수학학습, 어린이교양, 주니어 어학학습, 학습단행본 www.gilbutschool.co.kr

RULES OF

원칙으로 수익 내는
단타의 기술

원정연(만쥬) 지음

상위 1% 주식 트레이더가 지킨
단 하나의 투자 비법

DAY TRADING

길벗

주식에 마법의 비법 같은 것은 없습니다
하지만 노력의 마법은 있습니다

주식시장은 참 매력적인 곳입니다. 가진 게 아무것도 없던 21살 기초생활수급자였던 대학생을 단돈 100만 원으로 4년 만에 20억 원을 벌게 해주었고, 제 인생을 완전히 바꿔주었기 때문입니다. 하지만 매력적인 만큼 위험부담도 정말 크기에 제가 번 20억 원을 단 며칠 만에 모두 잃을 수 있는 무서운 시장이기도 합니다.

매일 새로운 사람들이 돈을 벌기 위해 주식시장에 출사표를 던집니다. 저는 그런 분들에게 먼저 주식을 시작하는 게 옳을지 다시 한번 고민해보라고 얘기합니다. 그럼에도 불구하고 주식 트레이더로서의 삶을 진지하게 시작해보고자 한다면 엄청난 각오를 하고 옳은 방향으로 가기 위해 최선을 다하라고 얘기합니다.

많은 사람이 단기간에 꾸준한 수익을 내면서 어린 나이에 큰돈을 벌게 된 저를 보고 주식 천재라고 말합니다. 하지만 저는 주식 천재가 아닌 노력 천재라고 답변을 드립니다.

제가 주식 천재였다면 당연히 처음부터 큰 수익을 냈을 겁니다. 하지만 저는 처음 주식을 시작하고 6개월 동안 계속 손실을 냈을 뿐만 아니라 여러 번 깡통 차기를 반복했습니다. 그랬던 제가 이렇게 큰 수익을 내는 트레이더로 성장한 데에는 하루 24시간을 72시간처럼 보내고자 하는 피나는 노력이 있었기 때문입니다. 누구보다 노력형 천재였던 제가 얼마나 고군분투하며, 어떤 치열한 노력들을 했는지 이 책을 통해 봐주셨으면 좋겠습니다.

더불어 주식에 마법의 비법이 있다고 생각하는 분들이 많습니다. 사실 저도 처음에는 그런 게 있다고 생각했습니다. 분명히 매월 수천만 원에서 수억 원씩 몇 년간 꾸준히 수익을 내는 사람들이 있는데, 이 사람들은 분명 자기만의 비법을 가지고 있을 거라고 믿어 의심치 않았습니다.

하지만 이제는 그런 마법의 비법 같은 것은 전혀 없다고 자신 있게 말할 수 있습니다. 대신 자신만의 철학과 자신과 맞는 확률 높은 자리,

자신 있는 자리가 있고, 이런 자리에서 트레이더다운 감각적인 비중 베팅을 통해 꾸준한 수익을 만들어내는 것이 비법이라면 비법이라고 말씀드리고 싶습니다.

저도 저만의 철학이 있고, 확률 높은 자리, 비중 베팅을 하는 자리가 있습니다. 그리고 그 자리가 어떤 자리인지, 왜 그런 자리를 찾게 되었는지를 이 책을 통해 여러분께 말씀드리려고 합니다.

마지막으로 최고의 기법만을 찾아 헤매는 분들에게 기법보다 훨씬 중요한 영역이 있다는 것을 설명하려고 합니다. 1~2년 이상 주식 매매를 해본 사람이라면 대부분 기술적인 부분은 어느 정도의 수준을 갖추게 됩니다. 하지만 2년을 넘게 투자해왔더라도 꾸준히 수익을 내는 경우가 그다지 많지 않다는 사실을 봤을 때 주식에서 기법보다 훨씬 중요한 영역이 있다는 사실을 알 수 있습니다.

왜 며칠 동안 꾸준히 수익을 내다가도 하루 이틀의 큰 실수로 인해 수익 내던 것을 모두 잃고 결국 손실로 한 달을 마감하는지, 왜 저번 달에는 통했던 기법이 이번 달에는 전혀 통하지 않는지 등의 심리적인 부분과 시장에 대해서도 제가 느낀 모든 것을 자세히 말씀해 드리려고 합니다.

제 이야기가 모두 끝날 때쯤엔 꼭 여러분이 크게 느끼시는 게 있길 바라며 이야기를 시작하겠습니다.

만쥬(원정연)

목차

4장 주식에서 이기는 법

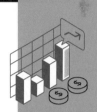

5장 사람들의 심리를 읽어라

6장 시장에 순응하라

7장 트레이더를 꿈꾸는 당신에게

RULES OF

1999년생
원정연입니다

DAY TRADING

강남 부잣집

아 들 로

태 어 났 다

부족할 것 없던 나의 유년 시절

"6억 8,000만 원에 바로 계약하겠습니다."

"음… 그 정도로 싸게는 어려울 거 같은데 일단 집주인분께 한번 여쭤보겠습니다."

…

"집주인분과 통화했고 입주날까지 관리비만 대신 납부하는 조건으로 계약하기로 하셨습니다. 괜찮으시죠?"

"네, 좋습니다! 그럼 계약 날 뵙겠습니다!"

인생에 가장 큰 목표였던 내 집 마련이라는 꿈이 25살이라는 어린 나이에 이루어지는 순간이었다.

이 나이에 나는 어떻게 집을 살 수 있었을까?

금수저? 아니다. 물론 어렸을 때 잠깐 부자였던 시절이 있었다. 하지만 고등학교 때부터 불과 2년 전까지 기초생활수급자였고, 지금도 겉으로 보면 그저 평범한 대학생일 뿐이다.

그럼 찢어지게 가난했던 평범한 대학생의 이야기를 시작해보겠다.

초등학교 때 가장 좋아하는 음식은 대게였다. 부모님께 대게가 먹고 싶다고 얘기하면 늘 가던 근사한 식당에 데려가서 배부를 때까지 먹게 해주셨다. 조금 더 커서 보니 그 집에서 4인 가족이 식사를 하면 최소 50만 원 이상이 나온다는 것을 알았다. 그런 식당을 일주일에 두 번은 갔었고, 당연히 다른 집들도 다 이렇게 생활하는 줄 알았다.

11살이 되면서 우리 집이 부자라는 것을 조금씩 체감했다. 기억에 남는 일화가 하나 있다. 초등학교 4학년 즈음 부모님께 매월 용돈을 받아서 쓰는 친구들이 많아졌다. 나는 이때까지 따로 용돈을 받지 않고 필요한 것이나 먹고 싶은 게 있을 때마다 부모님께 말씀드리고 그에 맞는 돈을 받아서 사용하는 생활을 하고 있었다. 나도 친구들처럼 정기적으로 용돈을 받고 싶어 어머니께 말씀드렸다.

"엄마, 나도 친구들처럼 달마다 용돈 받아서 쓰고 싶어. 대신 매일 용돈기입장도 쓸게!"

어머니는 흔쾌히 허락하셨고 얼마가 필요하냐고 물어보셨다. 친구들이 보통 한 달에 10~20만 원씩 받고 있었으나 차마 그렇게 말할 수 없어 5만 원만 달라고 말씀드렸다. 어머니는 당장 오늘부터 주겠다고 하셨다. 초등학생이었던 나에게 처음으로 5만 원이라는 큰돈이 생기자 기분이 정말 이상했다. 그날 밤은 이 돈을 한 달 동안 어떻게 쓸지 계획을 세우다가 잠이 들었던 기억이 난다.

반전은 다음 날에 일어났다. 아침에 학교에 가려고 하는데 어머니께서 또 5만 원을 주시는 거였다. 알고 보니 어머니는 매월이 아니라 매일 용돈을 주실 생각이셨던 것이다. 나는 어머니께 다시 말씀드렸고 그렇게 내 한 달 용돈은 10만 원이 되었다.

나중에 조금 더 커서 그때 초등학생에게 매일 5만 원, 그러니까 한 달에 150만 원을 정말 줄 생각이셨냐고 여쭤봤더니 어차피 돈은 써봐야 안다고, 결국 돈도 써본 사람이 더 잘 쓰게 된다고 말씀하셨다. 또 어렸을 때부터 적지 않은 용돈을 받아서 계획하고 지출하고 정리하는 습관을 들이면 나중에 더 큰 도움이 될 거라고 생각해서 그 정도는 줘도 괜찮겠다고 생각하셨단다. 하긴 이때 내가 다녔던 학원이 8개 정도였는데, 보통 학원비가 30만 원에서 비싼 곳은 50만 원이 넘었으니 나에게 얼마나 많은 고정비가 들어갔는지 어린 나이에도 대충 체감하고 있었다. 그때부터 우리 집이 부잣집이라는 것을 깨닫게 되었던 것 같다.

어머니는 태어날 때부터 동네에서 제일 부자였다고 했다. 초등학교 때 학교에서 유일하게 집에 차가 있었고, 부모님이 자주 태워다주셔서 친구들의 부러움을 많이 받았다고 하셨다. 아버지에 대한 이야기는 잘 모르지만, 두 분이 함께 여러 가지 투자와 사업을 해서서 재산을 많이 늘렸다는 얘기를 들었다.

내가 투자의 길에 들어서는 것에 거부감이 없었던 것도 부모님 영향이 클 수 있다. 실제로 우리 집 컴퓨터에는 주식 HTS가 종종 켜져 있었고, 어머니는 부동산 경매사이트를 보면서 나를 불러놓곤 이런저런 부동산 용어를 설명해주셨다. 또 귀금속 등을 사고파는 사업도 해서서 집에 순금, 순은이나 여러 액세서리를 자주 볼 수 있었다. 그게 나의 어린 시절 일상이었다.

평생 갈 것 같던 나의 일상은 초등학교 끝 무렵 조금씩 무너졌다.

집이 무너지니 가정도 무너졌다

12살 여름, 부모님이 갑자기 이사를 간다고 하셨다. 같은 동네였지만 이사한 집의 크기는 원래 집보다 반 정도로 줄었다. 소파나 장롱, 침대 등 가구들도 몇 개가 없어졌다. 어머니께 이유를 여쭤봤는데 작은 집이 청소하기도 편하고, 가구도 너무 오래되어 낡은 것들을 골라서 버린 거라고 하셨다.

그리고 다음 해에 또 이사를 갔다. 이번에도 동네는 같았지만 크기가 다시 반으로 줄었고, 가구도 몇 개가 더 사라졌다. 이때는 어머니께 이유를 여쭤보지 않았다.

이즈음부터 화목하던 집안 분위기가 점점 어두워졌고 아버지가 술을 드시고 집에 늦게 들어오는 날에는 늘 화를 내며 집에 있는 물건을 부수었다. 그리고 13살이 끝날 무렵 초등학교를 졸업하자마자 또 이사를 갔다. 이번엔 동네도 바뀌고 집도 더 작아졌다. 그리고 태어나서 처음으로 집에서 바퀴벌레를 만났다. 집안 분위기는 최악이었고, 나도 사춘기가 와서 집에도 잘 안 들어가며 방황했다.

그러던 어느 날 학교에 있는데 어머니가 찾아오셔서 말씀하셨다. 아버지가 유치장에 들어가게 되었고, 지금 살고 있는 집에도 더 이상 들어갈 수 없게 되었다고. 그리고 그날 나는 보육원으로 보내졌다.

보육원에 들어가게 되면서 학교도 보육원 근처로 옮겨야 했다. 하지만 나는 그 학교에는 절대로 가고 싶지 않았다. 딱히 지금 다니던 학교에 애정이 있어서가 아니라, 이 상황에서 학교마저 바뀌면 정말 모든 것을 다 잃은 기분이 들 것만 같았다. 생각해보니 집이 망했다는 것을 인정하지 않으려는 몸부림이었던 것 같다. 그렇게 다니던 학교를 계속 다니고 싶다고 보육원 선생님들을 설득하여 다행히 학교는 그대로 다닐 수 있었다.

보육원 분위기는 생각과 많이 달랐다. 그 시절의 나는 철도 없고 생각도 짧았기에 보육원에 있는 친구들은 어둡고 조용하기만 할 줄 알았다. 하지만 친구들과 동생들, 형들 모두 밝고 쾌활했다. 그리고 무엇보다 늦은 나이에 갑자기 들어오게 된 나에게 이것저것 물어보지 않고 그저 생활에 잘 적응할 수 있도록 챙겨주었다.

이곳에 있는 대부분의 친구들이 부모님이 안 계셨고, 초등학생이 되기 전에 보육원에 들어왔다고 했다. 나에게는 일상이었던 부모님과의 외식도 여기서는 일상이 아니었으며, 갖고 싶은 게 있으면 오랫동안 용돈을 모아서 사야지, 누군가가 사주는 게 아니었다. 그래서 더 대단한 면도 있었다. 나는 한 번도 직접 이불 정리나 설거지를 해본 적이 없었다. 그런데 여기 있는 친구들은 모두 이불 정리와 설거지, 그 외에 많은 집안일을 당연하게 했다.

또 나이에 따라 용돈을 다르게 받았는데 중학생은 대략 한 달에 5만 원을 받았다. 나에게 그 용돈은 이전에 받았던 것에 비하면 정말 터무니없이 적은 돈이었다. 하지만 친구들은 모두 용돈을 받을 때마다 누구보다 행복해하며 평소 사려고 계획했던 것들을 하나씩 사고, 나머지 돈은 착실히 저금했다. 어차피 보육원과 학교에서 의식주를 모두 해결하니 돈 쓸 일이 거의 없었던 것이다.

그렇게 부모님과 떨어져 보육원 생활에 어느 정도 적응이 되어갈 때쯤 아버지의 출소 소식이 들렸다. 어머니는 아버지와 다시 가정을 꾸려 나가는 것이 정말 괜찮을지 많이 고민하셨지만 나와 동생을 위해 그렇게 하기로 했다.

중학교 2학년을 지날 무렵 우리 가족은 다시 함께 살게 되었다. 물론 형편이 나아지거나 한 것은 아니다. 집은 다니던 학교에서 지하철로 1시간 거리만큼 멀어졌다. 용돈은커녕 교통비도 거의 받지 못해서 돈이 한 푼도 없는 날에는 2시간을 자전거를 타고 이동하거나, 몰래 무임승차를 하는 날도 있었다. 하루는 무임승차를 하다가 걸려서 역무원분이 어머니께 전화를 드렸는데 어머니는 전화기 너머에서 죄송하다는 말씀을 몇 번이나 하셨지만, 집에 돌아온 나를 혼내지는 않으셨다. 그리고 그날부터는 최소한의 교통비만큼은 받게 되었다.

02

가 난 의
대 가

15살, 처음으로 일해서 돈을 벌다

나는 초·중·고를 우리나라에서 가장 부자동네라고 불리는 강남에서 다녔다. 당연히 학교 친구들도 잘사는 친구들이 대부분이었다. 나도 처음엔 그랬지만 중학생부터는 용돈도 거의 받지 못하고 친구들이 놀이공원이나 워터파크에 놀러 가도 돈이 없어서 같이 가지 못하는 신세가 되었다. 나는 놀이기구도, 물놀이도 싫다고, 귀찮게 그런 데를 왜 가느냐고 얘기하며 괜찮은 척했지만 사실은 누구보다 가고 싶었다.

이때부터였을 거다, 내가 정말 간절하게 돈을 벌고 싶다고 생각한 것이.

중학생 때부터 아르바이트라도 해서 돈이 너무 벌고 싶었다. 그래서 편의점, 식당 등 많은 곳을 알아봤지만 중학생을 써주는 곳은 없었다. 그러던 중 드디어 중학생도 돈을 벌 수 있는 일을 찾아냈다. 바로 카메라에 나오는 일이었다. 드라마나 영화, 광고 등에 출연하면 꼭 주·조연이 아니라 보조출연이더라도 중학생 나이에도 당당하게 돈을 벌 수 있었다.

그것을 알게 되자마자 바로 프로필을 만들어서 드라마, 영화, 작은 규모의 독립영화 등에 지원했다. 그렇게 보조출연뿐만 아니라 독립영화 주연배우도 해보고, 작은 규모의 광고에도 여러 번 출연하게 되었다. 중학생의 나이에 처음으로 '돈'이라는 것을 벌게 되었다.

물론 액수가 크지는 않았다. 나는 얼굴이 그렇게 특별히 잘나지도 않았고 연기에 재능이 넘쳤던 것도 아니어서 저예산 독립영화나 작은 광고에만 작은 비중으로 겨우 출연할 수 있었다. 따라서 하루 페이가 10만 원을 넘는 경우가 거의 없었다. 그런 촬영도 매일 있는 게 아니라 많아야 한 달에 3~4번 정도였기에 용돈 이상의 큰돈을 벌기에는 무리가 있었다.

작은 소속사에 들어가서 연기 수업도 받아봤다. 하지만 소속사에서 무료로 연기 수업을 받는 대신, 촬영현장을 직접 보고 배운다는 명분으로 보조출연 일을 계속해야 했는데 계약상 출연료의 절반은 소속사가 가져갔다. 나는 아무래도 용돈이 필요했기에 시간이 될 때마다 보조출연을 나가야 했고, 그러다 보니 연기 수업에 집중하기 힘들었다. 춤과 노래도 배워보고 싶었지만 당연히 많은 돈이 필요했고, 더 나은 환경에서 연기 수업을 받기 위해서는 돈을 벌면서 하는 게 아니라 돈을 내면서 해야만 했다.

분명 돈을 벌기 위해 시작했던 일이지만 더 발전하기 위해서는 돈을 내야 한다는 현실에 부딪혔다. 그렇게 나의 연기 생활은 고등학교에 입학하면서 막을 내리게 되었다.

가난이 들어오자 행복이 도망갔다

고등학생이 되니 편의점이나 음식점 등에서 정식으로 아르바이트를 할 수 있었다. 고등학교에 입학하고 얼마 지나지 않아 맥도날드에서 아르바이트를 시작했다. 평일은 학교 끝난 시간부터, 주말엔 종일 주 6일 정도 출근하여 매달 80만 원씩 월급을 받게 되었다. 힘들긴 했지만 용돈이 없어서 친구들과 노는 것도 어려웠던 시절에 비하면 훨씬 행복했다. 그리고 적은 돈이라도 저축하며 미래를 준비하는 나의 모습에 뿌듯함도 느꼈다. 그러던 중 인생에서 첫 번째 큰 선택을 하게 된 사건이 일어났다.

저녁 늦은 시간, 학교 수업과 아르바이트를 모두 마치고 지친 몸을 이끌고 집에 들어가는 길이었다. 우리 집은 빌라촌 한가운데에 있었는데, 집으로 가는 길은 어둡고 아주 조용했다. 유독 더 조용하게 느껴지던 어느 날, 갑자기 큰 소리가 들리기 시작했다. 잔뜩 화가 나서 소리를 지르는 남자의 목소리와 물건이 깨지는 소리, 그만하라고 말리는 여자의 목소리였다. 측은한 마음이 들었다. 그 집의 아이가 정말 불쌍하다고 생각했다. 이런 조용한 동네에서 저렇게 큰 소리로 싸운다는 것은 그 집의 불행을 온 동네에 자랑하는 것이나 다름없었다. 그렇게 집에 거의 도착할 때까지 싸움은 계속됐고, 집 앞에 와서야 그 집이 우리 집이라는 것을 알게 되었다.

밤 11시가 다 된 시각. 너무 힘들고 피곤해서 집에 도착하면 당장 씻고 누워서 자려고 했는데, 그 시끄러웠던 집이 우리 집이었다는 것을 안 순간 너무 화가 나고 가족이란 존재가 창피하게 느껴졌다.

이날 우리 집 옥상에서 한참을 울었던 것 같다. 싸움이 끝날 때까지만 옥상에서 바람을 쐬며 기다리려고 했는데, 그날따라 아버지의 분노는 가라앉을 줄을 몰랐다. 어머니와 동생은 울며 아버지를 말렸지만 계속해서 물건들이 부서지는 소리가 들렸다.

이날 나는 집에 들어가지 않았다.

왔던 길을 되돌아가며 친구에게 전화를 걸었고, 친구 집에서 하룻밤 신세를 지게 되었다. 이후에도 집에 들어가기가 너무 싫어서 여러 친구 집을 전전하며 신세를 졌다. 정 잘 데가 없으면 만화방에서 8시간에 1만 원 하던 정액권을 끊고 잠자곤 했다. 며칠 동안 그런 생활을 이어나가던 중 우연히 고시원이라는 숙박시설이 있는데 잠만 자기에 딱 좋고 월세도 30만 원 정도면 해결된다는 정보를 얻게 되었다. 그날 바로 학교 근처에서 가장 저렴한 고시원을 찾아서 방을 구했다. 그리고 다음 날 낮에 집에 들러 짐을 챙겨 나왔다.

나의 첫 독립이자, 첫 도전이었다.

기초생활수급자

고등학교 시절은 정말 빠르게 지나갔다. 고시원 월세를 제외하고는 매월 50만 원이 조금 넘는 생활비가 남았다. 빠듯했지만 그래도 중학교 때에 비하면 여유로웠다. 또 주변에 내 사정을 아는 친구들이 밥도 자주 사줬고, 집에서 샴푸 같은 생활용품을 살 때 내 것도 같이 사서 가져다주곤 했다.

하루는 심하게 몸이 아팠다. 병원비가 생각보다 많이 나와서 월세를 내기 위해 남겨뒀던 돈과 생활비까지 몽땅 털어야 했다. 어김없이 월세 날이 다가왔지만 통장에는 한 푼도 없었다. 고시원 사장님께 2주 뒤에 월급이 들어오는데 그때 드리면 안 되겠냐고 여쭤봤지만 밀리는 건 절대 안 된다고, 그날 입금하지 않으면 다음 날 방을 빼야 한다고 하셨다. 그렇게 30만 원이 없어서 밥도 못 먹고 고시원에서 쫓겨날 처지에 놓여 있을 때, 내 상황을 어렴풋이 알고 있던 한 친구가 봉투 하나를 건네줬다.

봉투 안에는 현금 60만 원가량이 들어 있었다. 친한 친구들에게 내 상황을 대략적으로 얘기하고 모아온 돈이라고 했다. 그 봉투를 주며

'다들 네가 나중에 성공할 거라고 믿고 미리 빌려주는 거니까 어른이 돼서 성공하면 갚으라'고 말했다. 그 돈을 받았을 때 울컥했지만 태연한 척하며 지금 너희들이 빌려준 돈, 내가 10년 뒤에 10배로 갚아주겠다고 허세를 부렸다. 미안한 마음, 부끄러움보다 고마운 마음과 이제 살았다는 안도감이 더 컸다. 그렇게 친구들 덕분에 월세와 생활비를 해결할 수 있었다.

나는 은혜는 절대 잊지 않는다. 그때 돈을 빌려줬던 친구들 이름과 금액도 따로 메모하여 아직도 보관하고 있다. 10년 뒤에 10배로 갚아주겠다고 말했지만 생각보다 더 크게 성공한 나는 그 이상으로 갚아줄 생각이다. 10년까지는 이제 3년 남았다. 기대해라, 친구들아!

이후 학교 선생님께서 기초생활보장제도가 있다는 것을 알려주시면서 나도 분명 기초생활수급자 조건에 해당될 테니 동사무소에 가서 신청하라고 말씀해주셨다. 신청한 지 몇 개월 지나지 않아서 기초생활수급자가 되어 매월 20만 원 정도의 생계비와 병원에서 무료로 진료받을 수 있는 의료급여 등을 모두 지원받게 되었다. 덕분에 내 생활도 전보다는 여유로워졌다.

돈을 벌려니
성 적 이
필 요 했 다

미래가 불안해졌다

고등학교 3학년이 되자 교실 분위기부터가 미묘하게 바뀌었다. 평소에 공부는커녕 미래는 전혀 생각하지 않고 매일 놀기 바빴던 친구들도 각자 자신의 길을 찾으려 하고 있었다. 그간 아르바이트를 하느라 피곤하다는 핑계로 공부는 거의 하지 않아서 전교 석차가 최하위였는데, 나도 슬슬 앞으로의 인생이 걱정되기 시작했다. 지금이야 어리니까 밤 늦게까지 일해도 버틸 수 있지만, 만약에 나이가 들어 몸이 안 좋아지기라도 한다면?

아르바이트를 한 지 1년이 조금 넘었을 뿐인데 뜨거운 기름에 여기저기 화상을 입었고, 무거운 것도 자주 들다 보니 허리가 안 좋아지는 게 느껴졌다. 또한 최저시급으로 벌 수 있는 돈은 한계가 있었다. 평일 중에 3~4일은 학교 끝나고부터 밤까지 일하고, 주말은 낮부터 밤까지 풀타임으로 일했는데도 한 달에 100만 원조차 벌지 못했다. 물론 아르바이트를 오래 해서 매니저가 되고 부점장, 점장으로 직급이 올라가면 월급도 그만큼 오르겠지만 그때까지 내 몸이 버텨줄지 모를 일이었다.

아르바이트할 때 내 사정을 알고 가장 많은 도움을 주셨던 부점장님도 맥도날드에서 10년 넘게 일하셨지만 몸이 너무 안 좋아졌다는 이유로 직장을 옮기셨다. 이러한 현실을 생각하면 지금 내가 아르바이트보다 더 열심히 해야 할 것은 따로 있었다.

공부를 잘하면 돈을 많이 벌 수 있을까?

과연 공부를 잘하는 것이 돈이 될까? 결론부터 말하자면 된다. 친구 중에 대학생에게 과외를 받는 친구들이 더러 있었다. 그 대학생 중에서는 이제 대학교에 입학한 20살, 21살도 많았다. 처음엔 20대 초반의 대학생이 나이 차이도 많이 나지 않는 고3 학생을 가르친다는 게 신기했다. 하지만 나중에는 인생에서 가장 똑똑한 나이는 수능을 보기 전후인 19~20살 정도라는 것을 깨닫게 되었다. 심지어 보통 과외를 하는 대학생들은 직전 수능에서 높은 점수를 받고 좋은 대학에 다니고 있는 경우가 많으니, 부모님들도 그런 학생들에게 자신의 아이를 맡기는 것이 어찌 보면 현명한 일이었다.

그런데 그 과외비라는 게 생각 이상으로 어마어마했다. 이때 내가 아르바이트로 받았던 시급은 6,500원이었다. 하지만 나보다 한두 살 많은 명문대생들의 과외비는 시간당 최소 3만 원부터 서울대생이나 의대생은 5만 원 이상을 받기도 했다. 내가 하루 종일 뼈 빠지게 일해야 벌 수 있는 돈을 2시간 동안 시원한 카페에 앉아서 과외를 하며 벌 수 있던 것이다.

이것이 내가 공부를 시작하게 된 계기이다. 명문대생이 되면 시원한 스터디룸에서 앉아서 이런저런 설명만 해줘도 힘들게 아르바이트할 때보다 훨씬 큰돈을 벌 수 있을 거라는 생각이 들었다.

그날부터 학교에서 친했던 선생님들에게 찾아가서 여쭤봤다. 내가 지금부터 열심히 공부하면 서울대를 갈 수 있느냐고. 선생님들의 대답은 신기하게도 많이 나뉘었다. 불가능에 가깝지만 그래도 1년만 열심히 노력해서 인서울이라도 해보자고 말씀하신 분들과 절대 불가능하지 않다, 1년 죽어라 해보고 안 되면 1년 더하라, 그러면 충분히 가능하다고 말씀하신 분들이다.

사실 정답은 없었다. 가장 중요한 것은 내가 시작하는 것이고, 그 과정에서 포기하지 않고 끝까지 노력하는 것이었다. 선생님들께서 공통적으로 말씀하신 것도 일단 노력하라가 아니던가! 그렇게 나는 14살에 집이 망하고부터 손을 놓아버린 공부를 고3이 되어서야 다시 시작하게 되었다.

이후 나는 재수를 했고 다행히 건국대학교 경영학과에 합격했다. 처음에 목표했던 서울대와는 거리가 멀었지만, 중·고등학교를 최하위로 졸업하고 뒤늦게 공부를 시작한 것 치고는, 심지어 아르바이트로 생계를 유지하며 공부한 것 치고는 대단한 성과라고 주변에서 많이 칭찬해주셨다. 나도 충분히 만족했다. 결과도 결과지만 그 과정에서 나의 선택과 노력들이 만족스러웠다. 나는 절대 평범하게 노력하지 않았다. 이미 생활 자체가 평범과는 거리가 먼데 어떻게 평범한 노력을 할 수 있었겠는가.

나의 평범하지 않았던 선택과 내가 했던 노력에 대해 얘기해보겠다. 우선 공부에 더 집중하기 위해서 하고 있는 아르바이트에 변화가 필요했다. 부모님의 지원이 없으니 생계를 유지하기 위해서 아르바이트에 많은 시간을 할애해야 했는데, 그 시간에 효율이 필요했다. 지금 하는 맥도날드 일은 화장실을 가는 것 외에는 쉴 수 있는 시간이 없었고, 일이 끝나면 너무 큰 피로감이 몰려왔다. 게다가 자주 다치는 것도 문제였다.

그래서 시급은 맥도날드와 같지만 일을 하다가 할 일이 없을 때는 조금 쉬며 영어단어라도 외울 수 있고, 일이 끝나도 비교적 피로감이 덜한 작은 카페로 옮겼다. 내 사정을 아신 마음씨 좋은 사장님께서는 가끔 퇴근할 때 샌드위치도 하나씩 싸주곤 하셨다.

그러나 현실은 결코 녹록지 않았다. 첫 수능 결과에 좌절을 겪어야만 했다. 물론 주변 사람들은 다른 친구들은 부모님이 용돈도 주고, 학원도 보내주는데 너는 혼자 모든 걸 해결하며 공부하지 않았느냐, 그 정도면 엄청난 결과라고 칭찬했다. 왜냐하면 내 성적으로 인서울은 아니더라도 인서울 끝자락이나, 경기도권에 상위학과를 가기엔 충분했기 때문이다. 하지만 내 목표는 높은 과외비를 받는 것이었고, 그러기 위해서는 인서울 상위권 대학교 학생이라는 타이틀이 필요했다.

04

재 수 생

원 정 연

내가 남들과 겨룰 수 있는 것

곰곰이 생각했다, 지난 1년간 내가 부족했던 것이 무엇이었는지를. 주변 분들이 칭찬하며 해주셨던 얘기들을 핑계 삼을 수도 있었지만, 그 핑계 뒤에 숨어 변명만을 늘어놓아 봤자 내 인생은 한 걸음도 더 나아가지 못할 뿐이다. 나는 변명이 아닌 새로운 선택이 필요했다. 새로운 선택을 위해서는 지금 상황을 다시 한번 되돌아볼 필요가 있었다.

돈? 일단 다른 친구들에 비해 돈이 없었다. 물론 친구들도 자기 자산을 가진 것은 아니지만 일을 하지 않아도 용돈을 받아 쓸 수 있고, 학원도 마음대로 다닐 수 있는 데 비해 나는 그렇지 않았다.

머리는? 내 머리가 나쁘다고 생각하지는 않지만 뛰어나다고도 생각하지 않았다. 어렸을 적 학원에서 매번 수업이 끝날 때쯤 영어단어 20개를 외워야 집에 갈 수 있었는데, 나는 늘 꼴찌였다. 텔레비전에서 보면 초등학생이 수능 수학을 풀기도 하고, 어려운 영어단어 수십 개를 순식간에 암기하는 모습을 많이 봤는데 그런 천재들에 비하면 나는 너무나도 평범한 존재였다.

그렇다면 내가 다른 이들보다 뛰어나거나 최소한 동등한 조건을 갖춘 게 무엇일까? 답은 시간이었다. 더 나아가 시간을 효율적으로 사용하는 능력이었다.

나는 아르바이트를 시작한 이후부터 돈을 함부로 쓰는 것도 아까웠지만, 돈만큼 시간을 낭비하는 것도 매우 아까웠다. 그래서 돈을 조금 모으자마자 저렴한 자전거를 하나 구매했고, 학교나 아르바이트를 갈 때 자전거를 타고 다녔다. 심지어 비가 와도 우비를 입고 타고 다녔다. 걷는 시간이 너무 아까웠기 때문이다.

버스를 탈 수 있지 않느냐고 할 수도 있을 텐데 학교와 집, 아르바이트 가게 사이 거리가 애매해서 버스를 오래 기다리게 되면 걸어가는 시간과 크게 차이가 없었다. 무엇보다 그때는 720원 하던 버스비마저 쓰기 아까웠다.

맥도날드에서 일할 때 매일 30분간 밥을 먹고 쉴 수 있는 시간이 있었다. 대부분 천천히 식사하고 남는 시간엔 휴대폰을 보거나 엎드려

자는 사람이 많았는데 나는 5분 안에 햄버거를 다 먹고(돌도 씹어먹는 나이라 가능했다) 남은 25분 동안엔 수학문제를 풀었다. 그 시간에 일을 더 해서 돈을 더 버는 게 낫지 않냐고 생각할 수 있겠지만, 이 30분은 법적 휴게 시간이어서 일을 더 한다 해도 수당이 나오지 않는다.

이렇게 나는 스스로 생계를 이뤄 나갈 때부터 남들보다 더 시간을 효율적으로 쓰기 위해 노력해왔다. 내가 유일하게 남들과 공정하게 가진 것은 시간이었고, 남들보다 더 뛰어난 것은 시간을 효율적으로 사용하는 능력이었다.

놓치고 싶지 않은 두 번째 기회

재수를 결정하고 아르바이트 전략을 다시 세웠다. 이제 학교에 가지 않아도 되니 평일에도 오전부터 일할 수 있었다. 그동안 학교에서 거의 모든 끼니를 해결해왔기에 앞으로 식비가 더 나오는 것은 감안해야 했다. 그렇게 짜게 된 전략은 평일엔 스터디센터에서 총무일을 하고, 주말엔 원래 하던 카페 일을 계속하는 것이었다.

스터디센터 일은 카페 아르바이트보다 공부할 시간이 훨씬 많았다. 전화가 오면 예약받고, 예약 손님이 오면 자리 안내해주고, 나가면 청소하는 게 일의 전부였기에 그 외 시간에는 편하게 공부할 수 있었다. 대신 급여는 적었다. 월급제였지만 시급으로 계산했을 때 최저시급보다 낮았고, 식대도 따로 없어 중간중간에 편의점에서 삼각김밥이나 도

시락을 사 와서 먹어야 했다.

하지만 그럼에도 공부와 일을 병행할 수 있다는 이유로 나처럼 시험을 준비하는 사람들에게 인기가 많은 꿀알바였다. 이 아르바이트를 통해 평일에 하루 종일 돈을 벌면서 공부도 하는 최고의 효율을 낼 수 있었다. 그리고 주말엔 카페 일을 하며 식사도 해결하고 틈틈이 공부하면서 일이 끝나고는 새벽까지 공부했다.

시간을 최대한 아끼기 위해 비가 오나 눈이 오나 모든 이동은 자전거로 했다. 속도는 또 얼마나 빠르게 다녔는지 택시로도 10분이 걸리는 거리를 5분 내로 다니는 것은 기본이었고, 가끔 내가 지나가는 것을 본 친구들이 그렇게 빠르게 다니다가는 큰일 난다고 걱정하기도 했다.

그러다 한 번은 비가 올 때 넘어져서 바지가 찢어지고 무릎이 까져 피가 철철 난 적이 있었다. 하지만 나에게는 다친 것보다 하나밖에 없는 트레이닝복 바지가 찢어진 게 더 심각한 일이었다. 또 어느 날은 골목에서 갑자기 튀어나온 차와 부딪쳤는데 나는 멀쩡했지만 자전거가 완전히 부서져 버려 세상 모든 것을 다 잃은 기분을 느꼈다.

절망적인 상황들이었지만 단순하고 대범하게 행동했다. 무릎이 찢어진 바지는 무릎 윗단을 가위로 잘라서 반바지로 만들어 입었다. 차사고는 자동차의 과실이 조금 더 높게 측정됐는데 나는 차주분의 보험사 직원분께 치료는 필요 없으니 자전거만 처리해달라고 요구했다. 결과적으로 더 비싼 새 자전거를 가질 수 있었다. 부정적인 일을 긍정적인 방향으로 돌리는 것도 나의 숨은 능력이라면 능력이었다.

공부법이 중요했다

내가 초보 트레이더분들에게 늘 강조하는 공부 습관이 있다.

> 1. 매일 자신의 매매 영상을 녹화하여 다시 돌려보고 매매일지를 쓸 것
> 2. 매매를 잘하는 사람들의 매매일지와 관점 등을 보고 배워 내 것으로 흡수할 것
> 3. 매매를 할 때 매매의 이유를 정확히 설명할 수 있을 것

이 세 가지 습관이 나를 성공한 트레이더로 만들어주었다. 그런데 이 습관은 사실 재수생 시절 수능 공부를 할 때부터 지켜왔던 공부 습관에서 나온 것이다.

첫 번째로 맞은 문제, 틀린 문제를 모두 검토하면서 정답과 오답의 이유를 확인했다. 오답의 이유를 확인하는 것은 당연하지만 정답의 이유까지 확인한 것은 내가 알고 있는 정답이 확실한 근거 없이 우연히 맞은 문제일 수도 있고, 내가 아는 정답 외에 다른 정답이 있을 수 있기 때문이었다.

두 번째로 수학이든 영어든 나보다 더 잘하는 사람이 있으면 친구고

동생이고 상관없이 가서 이것저것 물어보았다. 특히 내가 다녔던 독서실에는 수학을 정말 잘하는 동생들이 많아서 학원에 다니지 못했던 나는 그 친구들에게 많은 도움을 받았다.

세 번째로 문제를 풀 때 늘 옆에 누군가가 있다고 생각하고 문제를 설명해주는 방식으로 풀었다. 이는 내가 공부를 시작하게 된 계기인 과외를 하는 데 도움이 될까 싶어서 이런 방식으로 공부했던 것이다. 그런데 이 방법이 내 성적 향상에, 더 나아가 주식투자 실력 향상에 엄청난 영향을 주게 될 거라고는 생각하지 못했다.

최대한 긍정적으로 공부와 생계를 병행해 나가고 있었지만 가끔은 일이 너무 하기 싫고, 남들처럼 집에서 부모님이 해주신 밥을 먹고 용돈을 받아 학원에 다니며 공부하고 싶은 때가 있었다. 왜 아니었겠는가, 겨우 20살의 어린 나이였는데. 주변 친구들과 처지가 비교될 때마다 절망에 빠져들곤 했다. 결국 20살 여름, 태어나서 처음으로 대출이란 것을 활용해보기로 결심했다. 다른 친구들처럼 아르바이트를 하지 않고 학원에 다니면서 공부하고 싶었다. 그래서 무턱대고 은행에 가서 물어봤다.

"제가 기초생활수급자인데 혹시 대출이 가능할까요?"

다행히 대출은 수급자인 것과 상관없이 꾸준한 소득이 있으면 가능하다는 답변을 들었다. 나는 3년 이상 아르바이트를 하며 꾸준한 소득이 있었기에 대출이 가능했다. 얼마 되지 않은 금액이었지만 당시의 나에겐 매우 큰돈이었다. 대출금 600만 원을 받자마자 모든 아르바이트를 그만두고, 꿈에 그리던 학원도 몇 군데 등록할 수 있었다.

하지만 대출금 600만 원은 3개월도 안 되어 사라졌다. 설마 내가 한 달에 200만 원 이상을 사용할 줄은 몰랐다. 고시원 월세, 학원비, 교재비, 식비와 생활비 등 600만 원이 그냥 눈 녹듯이 사라져 버렸다. 그래도 이렇게까지 한 덕분에 건국대생이라는 타이틀을 손에 쥘 수 있었다.

RULES OF

21살, 주식을
시작하다

DAY TRADING

05

단돈 3만 원이

인 생 을

바 꾸 다

천 원의 맛

대학교 생활도 고등학생 때와 크게 다를 바 없었다. 강의를 듣고 남는 시간엔 아르바이트를 했다. 처음 공부를 시작한 계기였던 과외도 하긴 했지만, 서울대나 인서울 상위권 대학교 학생이 아니었기 때문에 과외 자리를 구하는 것이 생각보다 쉽지 않았다. 대학생에게 과외를 받는 학생들의 목표 학교는 서울대나 의대 정도는 될 텐데 나에게 과외를 받는다는 것이 성에 차지 않을 수 있었다. 게다가 과외비도 생각보다 높지 않아서 식당일보다 조금 더 나은 정도의 시급이었다.

은행에서 빌린 돈의 원리금과 이자를 매월 갚아야 했고, 대학교에 들어오니 생활비도 고등학생 때에 비해 훨씬 많이 필요했기에 일을 더 늘릴 수밖에 없었다. 결국 평일엔 카페 아르바이트, 과외, 교내 근로, 주말엔 음식점 아르바이트를 하며 정말 쉴 틈 없는 생활을 했다. 이렇게 일을 해도 한 달에 버는 돈은 고작 200만 원 수준이었다. 몸은 빠르게 망가져 갔고, 휴일 없이 달리던 일상에 정신도 점점 피폐해져 갔다.

계속 이렇게 살 수는 없다고 생각했다. 새로운 대책이 필요했다. 대학교 생활에 어느 정도 적응했을 때 즈음 학교 복도에 붙어 있던 포스터를 봤다. 어느 증권사에서 계좌만 개설해도 현금 3만 원을 준다는 내용이었다. 3만 원이라는 돈은 내가 3시간 이상 일해야 벌 수 있는 돈이었다. 그런데 어려운 일도 아니고 휴대폰으로 간단하게 계좌만 만들어도 3만 원을 받을 수 있다고 하니 이 이벤트에 참여하지 않을 이유가 없었다. 그렇게 내 주식 인생의 첫걸음이 시작되었다.

증권계좌를 개설한 김에 주식을 한번 사보기로 했다. 하지만 3만 원으로 살 수 있는 주식은 거의 없었다. 그래서 통장에 있던 전 재산 20만 원을 전부 털어 여러 가지 종목을 사봤다. 기억나는 종목은 카카오, 삼성전자, 신라젠 등이다. 아무것도 모르고 매수한 것이지만 신기하게 하루에 몇천 원씩 버는 날이 가끔 있었다. 처음으로 돈으로 돈을 버는 경험을 했고, 그 경험이 너무 재미있었다. 이후 돈을 조금 더 모으기로 결심했다.

하지만 그때의 나는 대출금의 원금과 이자를 갚으면서, 고시원 월세를 내고 생활비까지 해결하다 보니 주 7일 아르바이트를 해도 돈이 모이지 않았다. 그래도 주식이 너무 하고 싶었던 나는 결국 카드값으로 나가야 할 돈 100만 원을 리볼빙 서비스를 이용하여 다음 달로 미루고 그 돈으로 주식 투자를 시작했다.

이때 쓴 리볼빙 때문에 겨울방학 동안 아르바이트를 더 많이 해야 했고, 허리띠를 더 졸라매어서야 겨우 빌린 돈을 갚을 수 있었다.

06

스 승 을
만 나 다

미래를 내다보던 그분

주식을 막 처음 시작했을 때는 지금처럼 HTS로 매매하지 않고 휴대폰의 MTS를 이용해 매매했다. 여러 주식 사이트에서 이슈가 되고 있는 종목 여러 개를 고점 대비 조금씩 빠질 때마다 분할로 사고, 어느 정도 수익이 나면 분할로 파는 등 사실상 제대로 된 원칙이 없는 무분별한 매매였다.

매수한 종목이 하루 만에 상한가를 가서 하루에 10만 원이나 버는 날도 있었다. 그러나 역시 초심자의 행운이었을 뿐, 그 수익은 며칠 만에 다 잃고 계좌는 점점 마이너스를 키워 나갔다.

이때 포기할 수도 있었는데, 왜 포기하지 않았을까? 계속 돈을 잃는 상황이었지만 그 속에서 어떤 가능성을 봤고, 꾸준히 수익을 낼 수 있는 방법이 있다고 믿었기 때문이다.

그렇게 2개월간 휴대폰으로 큰 의미 없는 매매를 이어가는 중에 드디어 방학이 됐다. 이번 방학 기간 동안은 거래를 잠시 줄이고 아르바이트를 더 열심히 해서 시드를 조금 더 불리기로 했다. 그리고 가장 중요한 주식 공부를 제대로 해보고자 마음먹었다. 그렇게 평일, 주말 상관없이 낮에는 풀타임으로 아르바이트를 하고, 밤에는 주식 공부에 매진하는 일상이 시작되었다.

당시에는 유튜브나 카페, 블로그 등 여러 커뮤니티에 매매일지, 매매 영상, 관점까지도 올려주는 주식 고수들이 정말 많았다. 나도 여러 주식 고수를 찾아서 그분들이 올려주는 것들을 보며 공부하고 있었는데, 어느 날 유튜브에서 정말 충격적인 영상을 보게 되었다.

이 유튜브 채널에 영상을 올려주는 분은 나의 첫 번째 스승님이기도 하다. 이분께서는 당신이 실제 투자하는 화면을 실시간으로 설명하며 매매하는 영상을 올려주셨다. 무엇보다 놀랐던 점은 다른 분들은 이미 시세를 준 종목들의 차트를 보며 이 자리에서는 어떤 이유로 어떻게 매매했는지를 설명하는 경우가 많았는데, 이분은 종목이 시세를 주기 전에 미리 그 주식을 계속 사면서 여러 가지 설명을 해주었다. 심지어 거래금액도 수억 원에서 수십억 원 단위였기에 화면에 나오는 평가손익도 수천만 원을 왔다 갔다 하고 있어서 더더욱 놀라움을 금치 못했다.

그중 가장 충격적이었던 영상이 있다. 오후 2시 즈음 아○○이라는 종목을 보면서 장이 끝날 때쯤 방향을 위로 돌리고 시세가 분출될 것 같다고 분석하며 10억 원 가까이 계속 매수했다. 그리고 예상되는 차트 모양을 간단하게 예측했는데 소름 돋게도 그 종목이 3시가 넘어가자 정말 추세를 돌리고 큰 상승이 나오면서, 수백만 원이었던 평가손익이 순식간에 +2,000만 원, +3,000만 원까지 올라간 것이다. 심지어 이분은 그 자리에서 바로 수익 실현을 하지 않고 원하는 그림이 나오고 있다는 이유로 비중을 더 늘리고 있었다. 결국 다음 날 6,000만 원 가까운 수익으로 매매를 마치는 모습을 보고 나는 큰 충격을 받았다.

지금까지 나는 주식을 매수할 때 이 종목이 상승할 거라는 확신이 들었던 적이 단 한 번도 없었다. 그저 '이 정도 빠졌으면 이제 올라가겠지' 하는 가벼운 마음으로 매수하고 불안해하다가 조금 오르면 매도하고 물리면 추가 매수를 하는 방식의 매매를 하고 있었는데, 이런 나의 매매 방식이 너무나도 잘못되었다는 것을 깨달았다. 그래서 나도 스승님처럼 확신을 가지고 매수할 수 있는 자리를 찾기로 결심했다.

확신의 근거

내가 처음 유튜브에서 스승님의 영상을 봤을 때 이분께서는 대체 어떻게 이렇게 확신을 가지고 매수할 수 있는지 정말 알고 싶었다. 그래서 올려주신 매매 영상들의 호가창을 유심히 살펴보며 공부했다. 처음에는 아무리 살펴봐도 대체 어떤 포인트에서 확신을 느꼈는지 도무지 알 수가 없었다. 하지만 분명히 뭔가 확실한 비법이 있을 거라고 믿고 하루에도 몇 시간씩 영상을 돌려봤다.

실제로 올려주신 100개 가까운 영상들을 최소 10번 이상 돌려보니 다음번에 어떤 얘기를 하는지도 다 외울 정도였지만, 어떤 포인트에서 확신을 갖게 된 건지 여전히 알 수 없었다. 호가에서도 어디를 보고 어떤 기준을 잡는 건지 알 듯 말 듯했고, 유레카는 외치지 못했다.

그렇게 계속 제자리걸음만을 반복하던 중 이번에는 매매 영상 속 호가창에만 집중하지 않고 그 날짜에 매매하셨던 종목들의 차트를 쭉 돌려보고, 그때 이 종목이 올랐던 이유와 시장은 어떤 분위기였는지 등을 찾아보았다. 그러다 보니 조금씩 스승님이 선호하는 종목들과 좋아하는 자리, 그리고 그에 맞춰 달라지는 비중 등이 보이기 시작했다.

일단 큰 금액으로 매매를 하다 보니 호가창이 탄탄하고 거래대금이 큰 종목들 위주로만 매매하셨고, 그러다 보니 시장에서 관심을 많이 받는 섹터 종목들이 주가 되었다. 또한 호가창뿐만 아니라 차트도 많이 참고하셨는데 차트에서 주가가 우상향하는 종목들 위주로 매매한다는 점도 찾아냈다. 그리고 매물대가 있는 자리에서 주가가 조금씩 상승하며 매물대를 넘어서려고 할 때 밑에서부터 조금씩 매수하고, 주가가 매물대를 뚫고 올라가면 추가 매수를 하는 불타기 매매를 자주 하신다는 것도 알게 되었다.

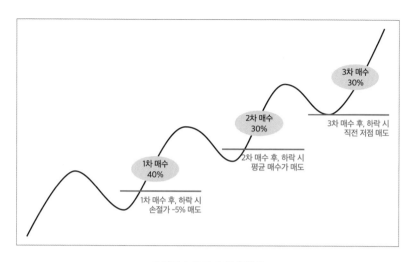

그림 2-1. 물타기 매매 방식

특히 종목을 선정하고 처음 매수를 시작할 때는 비중이 작지만, 이 종목이 생각했던 흐름을 보이면서 주가가 올라간다면 수익 구간임에도 불구하고 점차 비중을 늘리면서 수익을 더 극대화한다는 점에서 무언가를 깨달았다.

이전까지의 나는 주식을 매수하고 수익이 나면 이 수익금을 잃을까 무서워 홀라당 팔아 버리기 바빴다. 그리고 손실이 나면 손실을 확정했을 때 사라져 버리는 나의 피 같은 돈이 너무 아까워 주가가 빠질수록 비자발적인 물타기를 하며 손실 폭을 키워왔다. 주가가 내 생각과는 완전히 다른 모습으로 움직였음에도 말이다. 그러면서 수익은 겨우 1~2만 원만 내고, 손실은 10~20만 원씩 내고 있으니 당연히 계좌가 점점 말라 버리는 것이었다.

이렇게 스승님의 영상을 통해 나와 스승님의 매매 방식 차이점, 그리고 내 매매의 문제점을 찾게 된 순간부터 매매법을 완전히 바꾸기 시작했다. 일단 손익비(평균 수익률/평균 손실률)에 가장 큰 문제였던 주가가 빠질 때마다 매수하는 물타기보다 주가가 생각하는 모습대로 올라갈 때 추가로 매수하는 불타기 매매 위주로 하려고 했다. 물론 처음부터 쉽게 되지는 않았다.

주가가 빠질 때는 뭔가 주가가 저렴해졌다는 느낌이 들어 손실 중임에도 불구하고 매수 버튼을 쉽게 누를 수 있었다. 하지만 주가가 올라갈 때는 내 생각대로 가고 있음에도 불구하고 주가가 너무 비싸졌다는 느낌에 매수 버튼을 도저히 누르지 못할 때가 많았다. 그러다가 주가가 내 생각을 넘어 완전히 광기의 자리까지 크게 상승했을 때에야 뒤늦게 따라붙으면 매우 높은 확률로 그 자리는 고점이 되었다.

확신을 갖기 위해

새롭게 불타기 방식으로 매매하기로 마음먹었음에도 불구하고 막상 모니터 앞에만 앉으면 주식이 올라갈 때는 겁이 나 추가 매수를 못하여 적은 비중으로만 수익 실현하고, 떨어지는 주식은 계속 물타기하다가 결국 크게 손절하기를 반복했다. 그리고 장이 끝나고 복기하면서 왜 다짐했던 대로 매매하지 못했는지 한탄하는 일상이 계속되었다. 그렇게 다시 한번 새로운 대책이 필요하다고 느끼고 있을 때쯤 유독 높은 확률로 수익을 내는 매매법을 발견하게 되었다. 바로 뒤에서 자세히 얘기할 나의 주력 매매인 짝꿍 매매이다.

짝꿍 매매는 대장주가 강하게 올라가는 타이밍에 맞춰서 후속주를 사고파는 매매이다. 처음 이 매매를 했을 때는 대장주와 후속주에 관한 지식이 거의 없었다. 그저 A라는 종목이 올라갈 때 이름이 비슷한 B라는 종목이 따라 올라가는 모습을 보고 A의 눈치를 보며 B를 매매해봤을 뿐이다. 그런데 이렇게 매매하다 보니 내가 앞에서 고민했던 불타기 매매를 할 때 매수 버튼에 선뜻 손이 가지 않는 문제와 하락할 때 추가 매수만 하고 손절하지 못하는 문제가 완벽하게 해결되었다.

이유는 간단하다. B라는 종목을 매매할 때 A라는 확실한 기준이 생겼기 때문이다. 불타기 매매에서의 문제가 주가가 올라갈 때 추가 매수를 하려고 함에도 불구하고 이 종목의 고점에 확신이 없어서 손이 나가지 않았던 것인데, A라는 종목을 보고 B를 매매하다 보니 A가 지속적으로 크게 상승해줄 때는 확신을 가지고 B를 추가 매수할 수 있게 된 것이다.

손절도 마찬가지로 A가 올라갈 때 B를 매수했다가 A가 더 올라가지 못하거나 하락하는 순간에 B를 칼같이 손절했더니 종목에 물려서 비자발적으로 물타기를 하는 일이 없어졌다.

이때 나는 다시 한번 크게 깨달았다. 주가가 올라갈 때 확신을 가지고 추가 매수하여 수익을 극대화하고, 주가가 빠질 때 칼같이 손절하기 위해서는 정확한 기준이 되는 변수가 필요하다고. 그래서 나의 모든 매매는 확실한 변수가 있을 때만 이루어지게 되었다.

스승님의 영상을 접한 이후 매매 성공률을 높이기 위해 유명한 네이버 주식 카페에 가입하여 선배님들이 올려주신 매매일지와 관점 글들을 하나하나 모두 읽기 시작했다. 하루에 잠자는 시간, 일하는 시간을 제외하고는 무조건 주식 공부에 매진했다. 그리고 돈도 열심히 벌어서 예전처럼 카드값을 미루면서 마련한 시드가 아닌, 온전한 내 돈 100만 원을 마련했다. 그렇게 2개월 동안 열심히 아르바이트와 주식 공부를 했고, 겨울방학이 끝나가는 2월 중순, 노트북에 HTS를 깔았다. 주식시장이라는 전쟁터에 제대로 된 첫발을 내딛는 순간이었다.

방학 동안 정말 많은 공부를 했기 때문에 '이 정도 했으면 어느 정도 수익은 낼 수 있겠지' 하고 생각했다. 하지만 이 생각은 채 일주일도 가지 못하고 무너져 버렸다.

초심자의 행운도 여기까지

처음 3일은 그때 당시 시장에서 가장 많은 관심을 받았던 BTS 테마주들을 매매했는데, 초심자의 행운이 따라줬는지 3일 동안 20만 원 정도 수익을 냈다. 테마주들이 단기적으로 급등하는 순간에 나도 따라 사면 10번 중 8번 정도는 수익을 냈다. 나는 겨우 3일 만에 자만하기 시작했다. 그렇게 4일째 되던 날 테마주들이 크게 무너지는데도 계속 폭풍 매매를 했고 결국 예탁금이 반토막 나고 말았다.

하루 만에 70만 원을 잃으니 처음 세웠던 기준과 원칙은 사라지고 잃은 돈 70만 원을 찾기 위한 몸부림이 시작되었다. 좋지 않은 마인드로 뇌동 매매만을 반복하면서 손실은 점점 커져 갔다. 돈을 잃을 때마다 시드를 계속해서 채워 넣었지만 2주 만에 200만 원을 잃었다. 머릿속이 새하얘진 나는 친구들에게 돈을 빌리고 카드값도 내지 않으며 계속해서 시드를 채워 넣었고, 돈을 잃으면 잃을수록 나는 점점 피폐해져 갔다. 그러나 비극은 이제부터 시작이었다.

2020년 2월 말, 전 세계적으로 코로나 바이러스 감염증-19가 창궐하

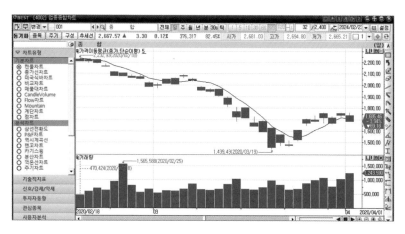

그림 2-2. 2020년 3월 코로나19 폭락장 코스피지수 차트

면서 세계 시장은 역사적인 폭락장을 맞이하게 된다. 2개월 동안 나름 대로 공부했던 내용은 이런 폭락장에서 오히려 독이 되었고, 온전한 내 돈으로 이루어지지 않은 나의 계좌는 점점 더 박살이 났다.

2020년 3월 13일 오전, 갑자기 주식시장이 멈췄다. 그때 코스피지수는 -8%를 넘어가고 있었다. 시장이 멈춘 이유를 찾아보니 코스피지수가 -8% 이상 하락한 상태가 1분간 지속하면 서킷브레이커가 발동되어 20분간 주식 거래를 멈춘다고 했다. 서킷브레이커란 주가가 일정 수준을 넘어서 급락하는 경우 시장에서의 매매 거래를 일시적으로 중단하는 제도이다. 코스피 시장에서의 서킷브레이커는 2001년 9월 12일 이후 약 18년 만에 발동되었다고 한다.

주식을 제대로 시작한 지 한 달도 채 되지 않은 나는 이런 제도가 있는 줄도 몰랐고, 왜 하필 내가 주식투자를 할 때 이런 일이 일어나는지 모든 게 원망스럽기만 했다. 그다음 주에 또 한 번의 서킷브레이커가 발동됐고, 나는 주식시장에 들어오고 처음으로 이겨낼 수 없을 것 같은 공포를 느꼈다.

코스피가 8%, 코스닥이 10% 이상 빠지다 보니 모든 종목이 그보다 훨씬 크게 급락했고, 심지어 시장이 멈춰 버렸다.

그것도 단기간에 2번이나!

아무리 주식 고수라도 이런 상황을 겪게 된다면 머리가 멍해질 것이다. 그런데 주식 고수도 아닌, 이제 막 주식에 입문한 나에게 이런 일이 발생했으니 그때의 공포감은 아직도 생생하다.

영원할 것만 같았던 폭락장은 2020년 3월 19일 서킷브레이커와 함께 저점을 찍고 반등한다. 지수가 크게 반등하면 다시 수익을 낼 수 있을 거라고 생각했지만 막상 처음 반등했을 때는 최근의 폭락장을 겪은 공포가 남아 있어서 적극적으로 매매하지 못했다. 결국 엄청난 반등이 나온 3월 말과 4월도 계속 손실만 누적시키게 되었다.

그림 2-3. 2020년 3월 반토막 난 계좌

만쥬의 비법 노트

주식시장에서
수익 내는 법

당시 주식을 시작한 지 얼마 지나지도 않아서 엄청난 폭락장을 경험하고, 그 속에서 얄팍한 지식으로 시장에 덤빈 결과, 저는 처참하게 깨져 버렸습니다. 그리고 많은 톱 트레이더도 큰 손실을 보았다는 얘기를 듣고 엄청난 상심에 빠졌습니다. 주식시장이 이렇게 무서운 곳이라는 것을 확실하게 깨달았습니다. 매월 꾸준히 큰 수익을 내던 톱 트레이더들조차 시장을 이길 수 없다는 것을 인지한 순간, 이제 겨우 2~3개월 공부한 제가 오만하게 주식시장에 덤벼들었다는 것이 너무나도 부끄러웠습니다.

이때 주식시장에서는 먼저 겸손해야 한다는 것을 뼈저리게 느꼈고, 얄팍한 지식은 오히려 독이 될 수 있다는 것도 깨달았습니다. 당시의 저로서는 정말 쓰라린 경험이었지만, 그래도 이 경험 덕분에 더 빨리 성장할 수 있었습니다.

　트레이더로서 어느 정도 성장한 지금도 누군가 저에게 어떻게 그렇게 수익을 잘 내냐고 물으면 저는 제가 매매를 잘하는 게 아니라 '시장이 준 수익'이라고 말씀드립니다. 이렇게 말씀드리는 이유는 뭔가 좀 알 것 같다는 오만함에 취해 시장에 덤볐다가 처참하게 깨지는 일을 반복하지 않기 위함입니다.

　혹시 지금 실력이 조금 향상되었다고 생각하거나, 주식에 대해 무언가 깨달은 게 있다고 느끼는 분들이 계시다면 겸손만큼은 꼭 잃지 않았으면 좋겠습니다.

07

원 칙 을
세 우 다

매매 습관 1. 매매를 객관화하여 볼 것

이즈음부터 나의 매매에 대해 다시 한번 고민하기 시작했다. 처음 손실이 났던 것은 증시가 역사적인 폭락장이었다는 변명이라도 할 수 있었다. 하지만 이후 본격적인 반등장이 나왔음에도 불구하고 계속 손실이 누적되었으니 지금 내가 하고 있는 매매가 잘못되었다는 것을 인지한 것이다. 그래서 매매 방식을 한 번 더 검토해봤다.

당시 나는 종목을 사서 오래 들고 가기보다 빠르면 몇 분, 길어도 하루 안에 매도하는 단타 매매를 위주로 하고 있었다. 그래서 하루하루 거래가 매우 잦았다. 주식에 붙는 수수료와 세금은 모두 합쳐 0.22%

정도이다. 평균 수익이 그 이상이 되어야 의미 있는 트레이딩이라고 할 수 있는 것이다. 따라서 거래를 너무 자주 하면 수수료와 세금도 그만큼 발생하여 트레이딩하기에 불리한 게 아닐까 생각할 수 있다.

그러나 수수료와 세금을 모두 이기고 꾸준히 수익 내는 단타 고수분들이 정말 많았기에 나도 할 수 있다고 생각했다. 하지만 승률이 매우 낮았다. 아니, 승률은 반반이었지만 수익은 적게 내고, 손실은 크게 내서 결과적으로는 손실이 누적되는 것이 문제였다. 손익비가 맞지 않았던 것이다.

이 손익비를 역으로 뒤집고 싶었다. 수익은 크게 내고, 손실은 적게 내고 싶었다. 그렇게 하기 위해서는 먼저 내가 어떻게 매매하고 있는지, 무엇이 잘못되었는지 정확히 파악할 필요가 있었다. 그래서 시작하게 된 첫 번째 습관이 바로 내가 매매하는 화면을 녹화하는 것이다.

매일매일 매매를 녹화하여 시장이 끝나면 중요한 부분 위주로 쭉 돌려봤다. 그랬더니 확실히 내가 어떤 자리에서 손실이 많이 나고, 어디에서 수익이 많이 나는지 조금 더 파악할 수 있게 되었다. 더불어 안 좋은 습관도 몇 가지 발견했다.

가장 먼저 나의 안 좋은 습관부터 고치려고 했다. 나의 위험한 습관 중 하나는 매매가 잘 안 되는 날이면 계속된 뇌동 매매로 작았던 손실을 엄청난 손실로 키우는 것이었다. 처음엔 내가 그렇게 하고 있다는 사실조차 자각하지 못했다. 하지만 장이 끝난 후 새로운 시선으로 녹화한 영상을 보니 장 초반에 매매가 잘 풀리지 않아서 멘탈이 좋지 않을 때는 이성적인 상황이라면 절대 하지 않았을 만한 매매를 하는 모습을 보게 됐다. 매매 중에는 전혀 느끼지 못했던 것들을 보게 된 것이다.

이외에도 확실한 자리에서 큰 비중을 베팅하여 크게 수익을 낸 좋은 매매나, 이상한 자리에서 사서 심리가 무너져 손절을 빠르게 하지 못해 큰 손실이 난 매매 등은 따로 잘라내서 저장해두고 계속해서 보았다. 잘한 매매를 계속 돌려봄으로써 추후 비슷한 자리에서 겁먹지 않고 더 크게 비중을 실을 수 있도록 내 그릇을 키울 수 있었다. 그리고 잘못한 매매도 다시 돌려봄으로써 같은 실수를 덜 하게 되고, 심리가 무너졌을 때 금방 매매를 멈출 수 있었다.

매매 습관 2. 매매에 확실한 이유를 가질 것

두 번째로 들인 습관은 가능한 한 매일 매매일지를 쓰는 것이다. 매일 매매한 종목의 매수와 매도 타점을 올리며 이 종목을 이 자리에서 왜 매수했고, 매도했는지에 대한 관점도 같이 작성했다. 이 습관을 통해서는 확실한 이유 없이 종목을 매매한 경우 손실이 더 자주 발생하는 것을 파악할 수 있었다. 그리고 이때부터는 매매할 때 누군가에게 설명할 수 있을 정도로 확실한 이유가 있을 때만 매매하기로 마음먹었다. 그리고 그것을 실천하기 위해 노력하게 되었다.

매매일지 작성에 관한 얘기는 뒤에서 더 자세히 다뤄보도록 하겠다.

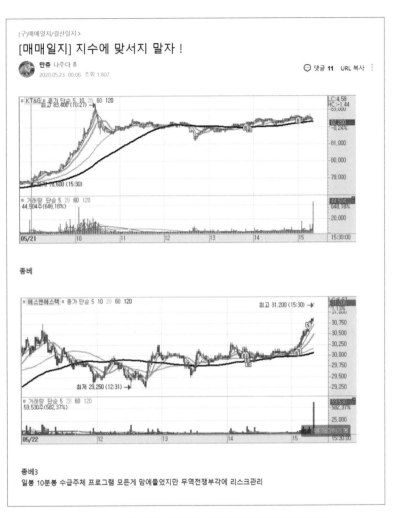

그림 2-4. 2020년 5월 활동하던 카페에 직접 작성했던 매매일지

매매 습관 3. 멈출 때를 기억할 것

세 번째 매매 습관은 매매가 잘 안 될 때는 멈추는 것이다. 두 달간의 기록을 훑어봤을 때 가끔 한 번씩 큰 손실이 나는 날이 있었다. 그런 날은 보통 오전부터 매매가 잘 안 되어서 작은 손실이 발생하고 그 손실을 메우기 위해 계속 뇌동 매매만 반복하다가 결국 손실이 불어나는 경우가 대부분이었다. 따라서 오전부터 매매가 잘 안 풀리고 시장 분위기도 나와 맞지 않는다는 생각이 들 때는 과감히 매매를 멈추고 좋아하는 게임을 하거나 차라리 밖으로 나가서 산책을 했다.

이렇게 습관을 들였더니 신기하게도 여러 가지 매매법 중 나에게 손익비가 가장 좋은 매매법을 찾을 수 있었다. 이후부터 나는 한 가지 매매를 주력으로 하고 다른 매매는 연습 삼아 소액으로만 트레이딩을 했다. 마침 증시도 미국 연준의 강한 금리 인하로 코로나 폭락장을 이겨내고 대세상승장이 시작되면서 나의 계좌도 점점 우상향하게 되었다.

만쥬의 비법 노트

집요함도
매매의 근거가 된다

'박셀바이오'라는 종목이 새로운 약의 임상 기대감으로 주가가 우상

향하고 있을 때의 이야기입니다.

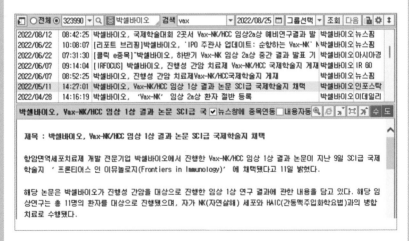

그림 2-5. 박셀바이오 주가에 기대감을 실은 기사

2022년 8월 24일, 장이 끝나고 갑작스럽게 어떤 약의 임상이 조기 종료되었다는 내용의 기사가 뜨면서 주가는 시간외 단일가에 하한가 (-10%)까지 빠져 버렸습니다. 해당 뉴스를 보고 주가도 시간외 하한가로 급락하는 모습을 보면서 그냥 '악재가 떠서 하한가에 가는구나. 정말 무섭다' 정도로만 생각하고 넘어갈 수도 있었습니다. 하지만 저는 다르게 행동했습니다.

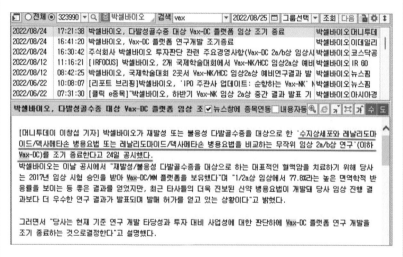

그림 2-6. Vax-DC의 임상이 중단됐다는 기사

먼저 Vax-DC라는 플랫폼 임상이 종료된 것이 이 회사에 어떤 의미인지를 찾아보려고 했습니다. 그래서 최근 이 주가가 올라왔을 때 나왔던 Vax에 관한 기사를 검색해봤는데, 보다 보니 뭔가 이상한 점을 하나 발견하게 되었습니다. 최근 주가가 올라올 때 계속해서 부각되던

그림 2-7. 당시 박셀바이오 일봉 차트(2022년 8월)

기사에는 Vax-NK에 관한 임상 내용만 있었는데 시간외 하한가로 보낸 악재에는 Vax-DC의 플랫폼이 종료되었다는 것이었습니다. 그래서 이 둘의 차이를 알아보기 위해 온갖 사이트와 유튜브 등에서 각각을 검색하며 공부했습니다.

그렇게 여러 사이트에 나온 정보를 통해 NK와 DC는 확실하게 파이프라인이 다른 개별적인 약이고, 지금 이 종목의 주가 기대감은 NK라는 약을 통해서 충족되고 있는 반면, DC라는 약은 이미 예전부터 실패가 거의 확정되어서 언제 갑자기 종료해도 이상할 게 없는 상황임을 알게 되었습니다. 하지만 사람들은 이런 임상이 있는지 전혀 인지하지 못하고 있었습니다.

한마디로 지금 이 종목이 하한가를 간 이유는 매수자들이 Vax-DC라는 이미 실패가 확정된 약을 Vax-NK라는 최근 기대감이 가득한 약으로 착각하여 주식을 대량으로 매도함으로써 생긴 잘못된 하락이라고 판단했습니다. 그리고 바로 시간외 하한가에 하한가 따라잡기(낙폭 과대 종목을 중심으로 기술적 반등을 노리는 단기 매매) 매매를 진행했습니다(그림 2-8). 결과적으로 주가는 시간외에 -10%인 하한가가 풀리지 않고 장을 마감했지만, 다음 날 -4.5%로 출발하고 보합까지 반등해준 덕에 저는 그사이에 천천히 분할로 매도하여 큰 수익을 낼 수 있었습니다.

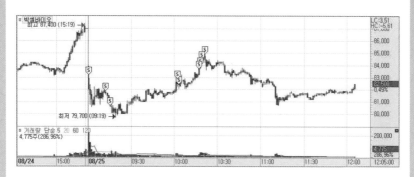

그림 2-8. 8월 24~25일 박셀바이오 매매 차트

저는 문과 출신이라 과학적 지식이 없어서 바이오 관련 분야는 잘 몰랐습니다. 하지만 시간외에 나왔던 한 악재를 호기심을 가지고 탐구하며 찾아본 결과, 남들은 인지하지 못했던 차이점을 발견했습니다. 그리고 그 차이에 대해 확실하게 더 공부한 뒤 제가 확인한 것들을 믿고 실제로 매매에 대입했습니다.

 그 결과, 다음 날 큰 수익을 냈지만 혹여 손실이 났을지라도 상관없습니다. 중요한 것은 제가 계속해서 꾸준한 수익을 내기 위해 집요하게 이것저것 탐구했다는 점입니다. 이런 노력들이 모여 지금의 저를 만들었다고 생각합니다.

08

주 력 을
찾 아 서

매수는 기술, 매도는 예술

나에 대해 아는 분들은 내가 어떤 매매를 주력으로 하여 성장했는지 알고 있을 것이다. 나의 주력 매매는 짝궁 매매, 짝짓기 매매, 2등주 매매 등 여러 가지 이름으로 불리는 매매법이다.

트레이딩을 오래 해왔고, 잘하는 분들이 공통적으로 이야기하는 것 중 하나가 "대장주만 매매하라"이다. 나도 처음 공부할 때는 그런 얘기를 들어왔기에 당연히 2등주가 아닌 대장주만 매매하려고 했다. 처음에는 빠르면 10초 내, 길어도 3분 안에 매수와 매도가 이루어지는 스캘핑이라고 불리는 단타 매매를 연습했다.

이 매매에서 가장 중요한 것은 매수하자마자 주가가 빠르게 오르거나, 주가가 올라가는 중간에 탑승하여 매수하자마자 1% 내외의 수익이 날 수 있는 자리를 찾는 것이다. 당연히 이와 같은 자리를 찾아내기까지 아주 많은 시행착오가 있었다. 어느 정도 시간이 지난 후에는 두 번 중에 한 번은 사자마자 수익이 발생하는 자리를 찾아서 매수할 수 있었다.

하지만 문제는 매수가 아니었다. 주식은 '매수가 기술, 매도는 예술'이라는 말도 있듯이, 중요한 것은 얼마나 큰 수익을 내고 매도하느냐였다. 두 번 중에 한 번꼴로 매수하자마자 주가가 올라가서 1% 정도의 수익이 발생했고 감사히 수익 실현을 했는데, 그 자리에서 몇 분 안에 5%, 10% 이상 더 올라가는 경험을 해본 적이 있을 것이다. 그리고 다음번에는 이전의 경험을 교훈 삼아 1%에서 수익 실현을 하지 않고 조금 더 큰 상승을 기다렸지만, 주가가 그 이상은 올라가지 못하고 다시 내가 매수한 가격 밑으로 내려와 버릴 수도 있다.

가끔 정말 무서운 종목은 중요한 자리를 돌파하여 1~2%씩 상승이 나오는 듯하다가 10초 안에 상승분보다 훨씬 큰 폭의 하락이 나오는 경우도 있다. 이럴 때는 손절조차 하지 못하고 멘붕이 온다.

길게 이야기했지만 결국 문제는 하나다. 바로 매도 기준을 잡지 못했기 때문이다. '주가가 돌파할 때 매수하고 이 자리에서 매도하여 수익 실현을 한다', '손절은 이런 현상이 나타나면 한다' 등의 확실한 매도

그림 2-9. 1월 10일 빛샘전자 1분봉 차트. 장 초반 고가인 6,480원을
다시 돌파하는 직후 크게 급락이 나온 모습

빛샘전자 호가 플레이 영상
빛샘전자 고점 돌파 후 급락 호가 플레이

기준을 세우지 못한 것이다. 그러다 보니 50%의 확률로 매수하자마자
수익이 나는 타이밍을 잡아도 수익을 낼 때는 1~2%, 손실은 5%씩 나
다 보니 손익비가 맞지 않아서 결국 계좌는 점점 마이너스를 키워갈 수
밖에 없었다. 확실한 매수와 매도 기준을 잡을 수 있는 매매, 그러면서
도 손익비가 높은 매매가 필요했다. 그렇게 연습하게 된 매매가 나의
주력 매매인 짝꿍 매매다.

짝꿍 매매를 선택한 이유

짝꿍 매매는 쉽게 말하면 대장주와 그 대장주를 따라 움직이는 경향이 강한 후속주들이 있을 때, 대장주가 크게 올라가는 타이밍에 맞춰 후속주를 매매하는 것이다. 예를 들어보자. 위메이드맥스라는 종목과 위메이드라는 종목이 있다. 두 종목의 이름만 봐도 서로 연관성이 있다는 것을 알 수 있을 것이다.

여기서 위메이드맥스의 등락률이 대략 +20% 중반, 위메이드의 등락률은 +15% 중반이라고 했을 때 위메이드맥스가 등락률 30%인 상한가까지 도달하게 되면 위메이드도 위메이드맥스를 따라 크게 올라갈 확

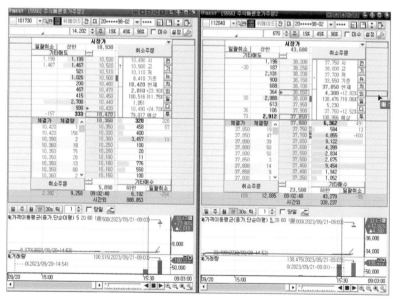

그림 2-10. 9월 21일 오전 9시 2분경 위메이드맥스(왼쪽)와 위메이드(오른쪽)의 호가창

률이 높다. 이 순간에 매수와 매도 기준을 모두 잡을 수 있다.

매수 기준은 단순하다. 위메이드맥스가 상한가로 치고 가는 순간 위메이드를 매수하는 것이다. 물론 이 과정에서도 많은 경험이 있어야만 알 수 있는 변수들이 있지만, 간단하게 설명하면 그렇다.

그리고 가장 중요한 매도 기준은 첫 번째로 매수 기준이 훼손되는 순간에 손실이든 수익이든 매도하는 것이다. 어떤 말이냐 하면 대장주인 위메이드맥스가 순간적으로 상한가로 치고 가는 타이밍에 2등주인 위메이드를 매수한다면 여기서의 매수 기준은 '대장주가 상한가에 강하게 들어간다'이다. 하지만 만약 대장주가 상한가에 완벽하게 도달하지 못했거나, 혹은 도달했더라도 순식간에 상한가가 풀리면서 급락이 나오는 경우에는 매수 기준이 훼손된 것으로 보고 재빨리 매도하면 첫 번째 매도 기준을 잘 지켜내는 것이다.

두 번째로 다행히 대장주가 상한가에 잘 도달했다면 2등주도 높은 확률로 더 상승해줄 것이다. 그렇다면 그 상승을 즐기면서 1~2분, 길어도 5분 내로 분할 매도한다. 혹시나 대장주가 상한가에 들어갔음에도 불구하고 후속주가 내 평단(평단가, 평균 매수 단가)을 무너뜨리고 하락한다면 이건 생각했던 흐름이 아닌 상황이기에 손실이 -1%에서 -2% 이상 넘어가기 전에 무조건 손절한다. 그리고 하락하지는 않지만 상승도 나오지 않는다면 마찬가지로 5분 내로 매도한다.

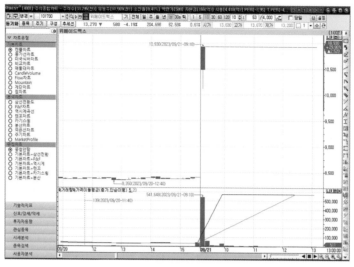

그림 2-11. 9월 21일 위메이드맥스(위)와 위메이드(아래) 10분봉 차트
대장주인 위메이드맥스가 상한가로 들어가는 순간에 후속주인 위메이드를 짝꿍 매매한 모습

위메이드 짝꿍 매매 영상
위메이드형제 매매 영상

이렇게 확실한 기준을 잡고 매매하면 수익을 낼 때는 보통 2~3%, 혹은 그 이상의 수익을 내면서 손실은 -1%를 넘어가는 경우가 거의 없다. 그렇기 때문에 승률이 50%를 넘지 못한다고 해도 손익비가 완벽하게 잘 맞는 것이다.

이것이 나의 짝꿍 매매에서의 매수, 매도 기준 중 하나이다.

대장주와 후속주 찾기

짝꿍 매매의 이론적인 부분만 들어보면 그냥 대장주가 올라갈 때 맞춰서 후속주를 매매하면 되는 것이니 매우 쉽게 느껴질 수도 있지만, 절대 그렇지 않다. 가장 먼저 한 테마에서의 대장주와 2, 3등주를 찾는 것부터가 쉽지 않았다. 일단 대장주와 후속주는 기본적으로 등락률을 기준으로 구분한다. 당연히 등락률이 높은 순서대로 대장주, 2등주, 3등주 순이다.

하지만 막상 한 테마가 있을 때 어떤 종목들이 그 테마에 속하는지부터 찾기 어려웠다. 가끔은 B 테마에 속하는 종목을 A 테마의 후속주로 보고 엉뚱한 매매를 할 때도 있었다. 그래서 같은 테마의 종목들과 대장주, 후속주 등을 구분하기 위해 매일 특징주를 같은 테마와 섹터별로 분류하여 정리하기 시작했다.

어려운 일은 아니지만 매일 하기에는 굉장히 번거로운 일일 수 있다. 하지만 나는 이 습관이 테마주 매매, 그중에서도 대장주와 후속주를 보고 매매하는 짝꿍 매매에 있어서 매우 필수라고 생각한다. 그래서 하루도 빠짐없이 이 작업을 했다. 그러다 보니 어떠한 테마에 속하는 종목이 올라올 때 바로 그 테마에 속하는 다른 여러 종목을 떠올릴 수 있는 수준이 되었다. 그리고 이는 내 주력 매매인 짝꿍 매매를 하는데 정말 큰 도움이 되었다.

분	신	종목명	현재가	등락률	거래량	L일봉H
		신규주				
		코셈	24,400	52.50	12,501,323	
		이에이트	22,100	10.50	35,159,954	
		케이웨더	12,000	27.71	5,812,505	
		사피엔반	37,950	8.33	749,257	
		자동차				
		현대차	244,000	0.21	1,603,352	
		기아	118,900	0.34	2,137,734	
		서연	10,970	1.88	348,984	
		서연탑메	4,370	2.24	95,191	
		서연이화	19,590	2.54	493,370	
		성우하이	9,050	2.06	753,920	
		비대면 진료				
		나노엔텍	4,425	2.10	4,342,299	
		케어랩스	6,450	0.16	5,523,813	
		인성정보	5,220	0.97	29,393,909	
		유비케어	7,170	15.27	66,027,126	
		비트컴퓨	8,320	5.99	11,968,800	
		초전도체				
		신성에스	51,100	7.93	482,113	
		덕성	9,850	3.24	1,796,741	
		신성델타	137,400	0.44	2,177,467	
		파워로직	12,230	3.09	2,541,854	
		서남	8,550	4.58	7,072,174	
		씨씨에스	5,860	7.13	48,460,869	

그림 2-12. 테마주 정리 내역

이런 식으로 확실하게 기준을 잡을 수 있는 매매를 마련하기 위해 여러 케이스를 연구하고 실전에 대입시켰다. 그리고 확실한 기준과 높은 손익비가 나오는 매매를 하게 되면 그때만 레버리지를 사용하여 큰 비중으로 베팅했다. 그렇게 하다 보니 전체적인 트레이딩 종목별 승률이

50%를 넘지 못할 때도 손익비가 높은 덕분에 큰 수익으로 하루를 마감할 때가 많았다.

 짝꿍 매매에 대해 더 상세히 얘기하고 싶지만 지금은 나의 매수, 매도 기준을 어떤 식으로 세웠는지에 대해 이야기하고 있으므로 이에 대한 상세한 내용은 뒤에서 더 자세히 이야기하겠다.

RULES OF

**올라운드 트레이더로
성장하다**

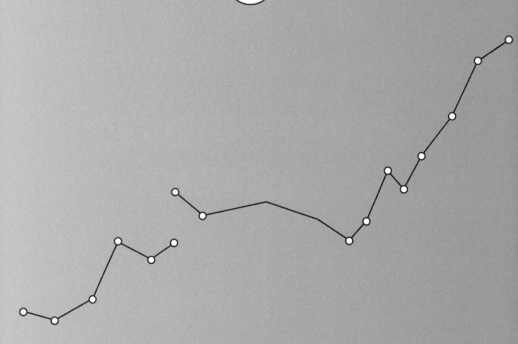

09

변동성이

중 요 한

스 캘 핑

수익을 위해서는 변동성이 필수

내 주력 매매는 짝꿍 매매다. 그렇다고 내가 주식을 시작한 후로 4년 간 짝꿍 매매만 했느냐, 그것은 아니다. 나는 한 가지 매매법만을 잘하는 트레이더가 아닌 모든 매매를 다 잘하는 올라운드 트레이더가 되고 싶었다. 그래서 지금도 다양한 매매를 계속 공부하고 꾸준히 연습하고 있다.

주식투자는 크게 봤을 때 스캘핑, 데이트레이딩같이 빠르게 매매가 이루어지는 단기 트레이딩과 중기 투자, 가치투자 등과 같이 긴 호흡으로 이루어지는 매매가 있다. 나는 단기 트레이딩과 중·장기 투자 모두 병행하고 있다. 하지만 중·장기 투자에 대한 공부가 아직 많이 부족하고, 제대로 된 성과를 내지 못했기에 중·장기 투자에 대한 얘기는 내가 함부로 해서는 안 된다고 생각한다. 그렇기에 '단기 트레이더라고 해도 중·장기 투자나 가치투자도 반드시 공부해야 한다'는 정도로만 얘기하고 더 이상 언급하지 않도록 하겠다.

내가 하고 있는 단기 트레이딩에는 스캘핑, 돌파 매매, 상따 매매, 낙주 매매, 짝꿍 매매, 종가 베팅, 단기 스윙 등이 있다.

먼저 스캘핑은 짧으면 초 단위, 길어야 분 단위로 이루어지는 초단타 매매이다. 어떻게 보면 돌파 매매, 짝꿍 매매 등 대부분의 단기 트레이딩이 모두 스캘핑이라고 볼 수도 있다. 스캘핑의 특징은 거래대금과 변동성이 큰 종목에서 그 빠른 변동성을 이용하여 수익을 노린다는 것이다. 매수와 매도가 아주 짧은 순간에 이루어지기 때문에 큰 변동성이 필수다.

2분 동안 위아래로 5% 움직이는 종목과 0.1% 움직이는 종목이 있다고 하자. 0.1% 움직이는 종목으로 아무리 스캘핑 매매를 해봤자 절대로 수익을 낼 수 없다. 최대 수익률인 0.1%보다 세금과 수수료가 더 높기 때문에 결과적으로는 손실이다. 그래서 세금과 수수료를 이겨내고 수익을 극대화하기 위해서는 큰 변동성이 필수인 것이다.

차트를
보는 기준

트레이딩을 할 때 차트를 유심히 보는 편은 아니지만 그래도 참고하는 정도로는 사용하고 있습니다. 일봉 차트에서는 종목의 신고가 가격이 얼마인지를 참고하고, 1분봉 차트에서는 주가가 어느 정도 올라가고 있는지 혹은 얼마나 하락하고 있는지 정도만 살짝 보고 있습니다.

차트를 주의 깊게 보지 않는 이유는 차트에 의존하여 매매했을 때 손실을 본 경험이 너무 많기 때문입니다. 예를 들어 차트상 전저점을 지지해주며 쌍바닥을 만들고 올라가는 모습을 보일 때, 이동평균선을 보고 120일선을 기준으로 지지해줄 때 등 차트상의 모습을 믿고 버티다가 매우 높은 확률로 손실이 훨씬 커지는 경험을 했습니다. 때문에 어느 순간부터 차트는 절대 매매의 기준으로 삼지 말아야겠다고 생각했습니다. 그때부터 차트는 일봉상 신고가의 위치나 지금 종목의 추세는

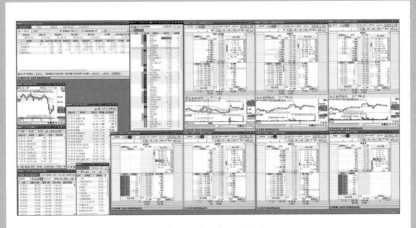

그림 3-1. 만큐의 HTS 화면

어떤지 등을 참고하는 데만 사용합니다.

물론 이것은 제가 직접 매매를 하면서 세운 개인적인 원칙일 뿐이고, 누군가에겐 차트도 훌륭한 매매 기준이 될 수 있습니다.

확 실 한

자리를 찾아

돌 파 매 매

매도 기준을 재정비하다

스캘핑은 주가가 올라가는 이유를 크게 생각하지 않고 호가창만 보고 매매하는 경우도 있지만, 차트상 고점을 돌파할 때나 호가창에 큰 물량이 박혀 있는 중요한 가격을 돌파할 때 매매하는 경우도 있다. 이것이 우리가 흔히 얘기하는 돌파 매매이다.

처음 짝꿍 매매라는 주력 매매가 생기고 1년 정도 꾸준한 수익을 내고 있을 때 돌파 매매를 어마어마하게 잘하는 분을 알게 되었다. 매매일지와 영상도 자주 올려주셨는데, 그것들을 보고 내 것으로 흡수하기 위해 열심히 공부했다. 그리고 돌파 매매에서 어느 정도 자신감이 생겼을 때 연습계좌를 하나 만들어 1,000만 원을 세팅하여 매매를 진행했다. 결과는 어떻게 되었을까?

계좌를 만든 지 한 달도 되지 않아서 1,000만 원을 몽땅 다 잃고 말았다. 깡통을 찬 것이다. 다행히 이때 짝꿍 매매로 매달 2,000만~3,000만 원씩 꾸준히 수익을 내고 있었기에 연습계좌로 날린 1,000만 원이 나에게 큰 타격을 주지는 않았다. 하지만 돌파 매매에 대한 자신감은 수직 낙하해 버렸다.

그렇게 돌파 매매는 포기하고 하던 매매나 잘하자고 생각했고, 한동안은 짝꿍 매매에만 집중했다. 하지만 나에게 돌파 매매를 가르쳐준 선배님은 돌파 매매가 주력임에도 이 매매만 잘하는 것이 아니라 짝꿍 매매, 상따 매매, 낙주 매매, 종가 베팅 등 모든 매매를 잘하는 올라운드 트레이더였다. 나도 그처럼 되고 싶었기에 돌파 매매도 다시 한번 공부해보기로 결심했다.

그러기 위해 내가 실패한 이유를 분석해봤다. 앞에서 처음 매매를 시작했을 때 '대장주만 매매하라'는 격언을 따라서 매매했다고 했는데, 이때 했던 매매가 돌파 매매와 유사했다. 그때 나는 왜 수익을 내지 못했는지를 이미 알고 있었다. 바로 손익비의 문제였고, 더 깊숙이 보면 매도 기준의 정립이 문제였다. 그래서 이번에는 확실한 매도 기준이 될 자리를 찾기로 했다.

매도 기준 1. 호가창의 조건

'돌파 매매는 호가창만, 차트만, 또는 뉴스만 보고 한다'라고 생각하는 분들이 있다. 물론 한 가지만 보고 할 수도 있지만, 가능하면 세 가지를 모두 봐야 한다. 그중 호가창은 필수라고 할 수 있는데, 호가창에 걸려 있는 물량을 체크해야 하기 때문이다.

1억 원으로 매매를 한다고 해보자. 그런데 눈에 보이는 매도 10호가에 걸려 있는 물량을 전부 합해도 1억 원이 안 된다면 스캘핑에 적합하지 않은 종목이다. 왜냐하면 스캘핑의 관점으로 빠르게 매수하려고 한다면 물량을 현재가보다 훨씬 위로 매수해야 할 것이다. 그렇게 매수한 종목이 위로 쭉쭉 올라간다면 큰 상관은 없지만, 올라가지 못하거나 주가가 빠지는 경우 매도하려고 해도 현재가보다 훨씬 아래로 던져야 하기 때문이다.

한마디로 내 트레이딩 금액보다 호가창이 얇은 종목은 매수와 동시에 더 큰 리스크를 안게 된다.

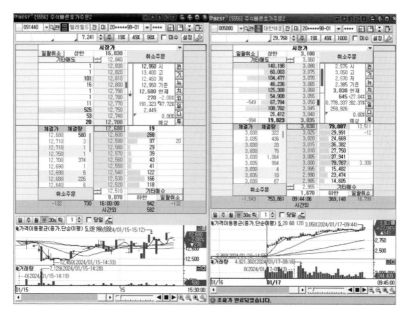

그림 3-2. 호가창이 얇은 사례(왼쪽)와 호가창이 두꺼운 사례(오른쪽)

　호가창이 두꺼운 종목을 현재가로 1억 원을 매수하게 되면 매수하자마자 세금과 수수료 가격인 0.22%, 약 22만 원의 손실로 시작한다. 하지만 호가창이 매우 얇은 종목을 현재가보다 훨씬 위로 사게 되면 최소 1%, 약 100만 원 정도의 손실로 시작한다. 매도할 때도 마찬가지로 더 손해를 보고 매도하게 된다. 그렇기 때문에 호가창의 두께를 봐야 하는 것이다.

매도 기준 2. 라운드피겨의 조건

호가창의 물량이 트레이딩 금액보다 큰 종목을 매매한다면 이제 라운드피겨 가격에 관심을 가져야 한다. 주식에서 라운드피겨라고 하면 2,000원, 50,000원, 100,000원 등 끝자리가 1,000원, 10,000원 등의 단위로 끝나는 의미 있는 가격을 뜻한다. 보통 이런 가격의 호가창에는 다른 가격에 비해 물량이 많이 걸려 있는 경우가 많다. 예를 들면 49,000원에는 1,000주, 49,500원에는 2,000주가 있는데 50,000원에는 10,000주가 걸려 있는 상황이다. 이렇게 의미 있는 가격에는 보통 더 큰 물량이 걸려 있다. 돌파 매매를 하는 트레이더들은 주가가 이런 자리를 돌파할 때를 노린다.

특히 2,000원, 50,000원이라는 가격은 호가창의 배열이 바뀌는 구간이다. 이게 무슨 말이냐 하면 2,000원을 넘기 전 1,900원대에서는 가격이 1,900원, 1,901원, 1,902원처럼 1원씩 올라가지만 2,000원부터는 2,005원, 2,010원, 2,015원처럼 5원씩 올라간다. 원래 1호가에 1원씩 올라가던 것이 1,999원을 넘어 2,000원을 돌파하는 순간부터 1호가에 5원씩 올라가게 되는 것이다. 그렇게 되면 1,900원에서는 10호가가 올라서 1,910원이 되어도 약 0.5% 수익이지만 2,000원부터는 10호가가 오르면 2,050원이 되어 2.5% 수익이 된다. 순간적으로 똑같이 10호가가 올라가도 수익률이 무려 5배나 차이가 나는 것이다.

별거 아닌 것 같지만 이러한 현상은 생각 이상으로 많은 시장참여자의 심리를 자극한다. 그리고 시장참여자들의 심리를 자극하는 자리는 단기 트레이딩을 할 때 가장 중요한 포인트다. 단기 트레이딩으로 수익을 내려면 주가가 빠르게 올라가는 변동성이 나와야 하는데 이를 위해서는 시장참여자들의 관심이 필수이기 때문이다. 그래서 2,000원, 50,000원같이 호가 배열이 바뀌는 라운드피겨 자리를 노리는 트레이더가 많다.

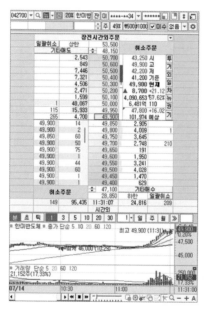

그림 3-3. 한미반도체 50,000원 라운드피겨 호가창

라운드피겨 영상
한미반도체 50,000원 라운드피겨 돌파 직후 급락 영상. 라운드피겨의 급락에 주의하자.

처음엔 나도 이러한 자리에서 트레이딩을 많이 시도했었다. 하지만 50,000원 같은 라운드피겨 가격을 잘 노려서 매수해도 바로 50,500원, 51,000원까지 올라가는 종목이 그렇게 많지 않았다. 어찌어찌 50,000원을 넘어 50,200원, 50,300원 정도까지 가더라도 다시 50,000원을 무너 뜨리고 아래로 내려가 버리는 경우가 훨씬 많게 느껴졌다. 그러다 보니 손익비가 맞지 않았다. 손익비를 좋게 만들려면 어떻게 해야 할까 고민하다가 차트를 보게 되었다.

매도 기준 3. 차트의 조건

전고점이나 신고가 등에서도 호가창에 매도 물량이 두꺼운 경우가 많은데, 이때에도 라운드피겨 돌파 관점으로 매매하기도 한다. 가령 어떤 종목이 3개월 전에 42,100원이라는 신고가를 찍고 3개월 동안 밑에서 횡보하다가 오늘 42,000원 언저리까지 도달했다고 가정해보자. 그렇다면 이 종목은 42,000원이라는 라운드피겨 가격을 넘는 순간 42,100원도 함께 넘을 확률이 높다. 그렇게 되면 신고가에 도달하여 차트상 고점 돌파의 모습을 보여주게 된다. 당연히 이런 자리에서는 차트상 고점 돌파, 신고가 등을 노리는 트레이더들의 관심이 몰릴 것이다. 그리고 42,000원을 돌파하는 순간 엄청난 거래량이 터지며 변동성이 크게 나올 가능성이 있다.

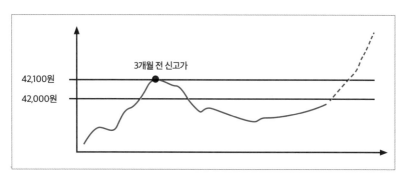

그림 3-4. 신고가와 라운드피겨를 돌파 관점으로 볼 때

　나도 이런 차트상 고점, 신고가 자리를 노리는 트레이딩을 해봤다. 확실히 42,000원을 돌파하는 순간에 매수하면 높은 확률로 42,100원을 넘어 42,500원 즈음까지는 빠른 속도로 도달한다. 하지만 그 자리에서 더 올라가는 경우보다 다시 매수가인 42,000원을 무너뜨리는 경우가 더 많았다. 그렇게 매수가가 무너져서 겁을 먹고 손절하면 그제야 43,000원을 넘어 44,000원, 45,000원까지 도달하는 것이었다.

　또 어떤 때는 42,000원을 돌파하여 42,100원을 넘고 신고가에 도달하는 순간, 어마어마한 매도 물량이 쏟아지면서 순식간에 아래로 3~4%씩 빠져 버리기도 했다. 그렇게 순식간에 아래로 빠지는 경우에는 빠르게 손절도 하지 못하고 그저 발만 동동 구를 뿐이었다. 가끔은 손실이 5%를 넘어 10%까지 가는 경우도 생겼다. 그러다 보니 차트만 보고 돌파 매매를 하는 것도 손익비가 좋지 않았다.

매도 기준 4. 변수의 조건

1. 뉴스

　결과적으로 돌파 매매의 손익비를 맞추기 위해 내린 결정은 매매 횟수를 줄이는 것이다. 지금까지는 호가창을 보다가 주가가 라운드피겨 가격을 넘을 때마다, 차트상 고점인 신고가를 넘을 때마다 트레이딩에 도전해왔다. 그런데 앞으로 이런 자리라고 해서 무조건 매매하지 않고 조금 더 확실한 이유가 생길 때까지 기다리기로 한 것이다. 이것을 나는 돌파 매매의 자리에서 또 다른 변수가 나올 때 매매한다고 얘기한다. 예를 들면 주가가 라운드피겨나 신고가 직전 가격에 있을 때 HTS에 자극적인 뉴스가 나오는 것이다.

　HTS에 종목 뉴스가 나온다고 해서 무조건 주가가 상승하는 것은 아니지만, 가끔 'A 종목, 삼성전자와 로봇사업 협업'과 같이 자극적인 제목의 기사가 나올 때는 순식간에 급등하는 경우가 있다. 그런데 이런 기사가 라운드피겨나 신고가 직전이라는 아주 중요한 순간에 나와준다면 그 자리를 돌파하는 순간, 뉴스를 보고 들어오는 후속 매수세가 계속 따라붙어 순식간에 위로 크게 올라갈 확률이 높아진다. 뉴스 없이 돌파한다면 1~2% 올라가고 말 종목이 뉴스와 함께 돌파하면 순간적으로 5% 이상 올라가기도 하는 것이다.

　이런 자리를 노리게 되면서 확실히 수익 나는 확률이 높아졌다. 하지만 가끔 제목만 자극적이고 알맹이가 없거나, 이미 시장에 부각될 만큼 부각되어 뉴스가 나오는 순간 주가가 조금 올라가다 상승폭 이상으로 순식간에 급락이 나오는 경우도 있었다. 이때 손절을 빠르게 하지 못해 5번 매매로 번 수익을 한 번에 날리기도 했다.

나는 이런 위기의 순간을 피하기 위해 이렇게 급박한 돌파 자리에서 매수하는 순간, 습관적으로 바로 매도 버튼으로 마우스를 옮긴다. 그리고 매수한 가격이 무너지거나, 뉴스가 나오고 돌파했지만 매도 물량이 너무 많이 출회하여 분위기가 안 좋아지면 기계처럼 매도 버튼을 바로 누른다. 종종 더 크게 수익 낼 수 있는 기회를 놓치는 경우도 있지만, 그래도 큰 손실을 거의 내지 않게 되었다.

2. 짝꿍 매매 응용

돌파 자리에서 주가에 영향을 주는 변수에는 뉴스 외에도 여러 가지가 있다. 짝꿍 매매도 이런 관점으로 함께 볼 수 있다. 만약 후속주가 라운드피겨나 차트상 고점을 돌파할 수 있는 중요한 자리에 있을 때 대장주가 상한가로 치고 간다면, 후속주는 아주 높은 확률로 그 중요한 자리를 뚫어줄 것이다. 그리고 대장주가 상한가를 버텨준다면 후속주는 짝꿍 매매를 하는 트레이더들의 매수세와 돌파 매매를 하는 트레이더들의 매수세가 합쳐져서 더 큰 상승이 나올 확률이 높다.

이런 자리가 내가 레버리지를 크게 사용하여 이른바 풀베팅을 하는 자리이다. 그리고 이런 자리에서 한 번 큰 수익을 내면 다른 자리에서 적은 금액으로 5번 짧게 손실을 본다고 해도 훨씬 큰 수익으로 남아 손익비가 좋아지게 되는 것이다.

이렇게 돌파 매매라고 해도 차트나 호가창에서의 기준에 맞다고 무조건 매매하지 않고, 그 외에 추가적인 변수로 조금이라도 확률이 더 높다고 생각될 때 매매를 진행했다. 그리고 위험한 상황에 늘 대비하여 수익을 덜 내더라도 큰 손실 한 번을 피하자는 마음으로 기계같이 칼 손절을 했다. 그랬더니 결과적으로 돌파 매매도 손익비가 좋은 매매가 되었다.

돌파 매매를 할 때 내가 찾은 변수 외에도 수만 가지 변수가 있을 것이다. 그 많은 변수는 여러분이 직접 경험하며 찾아보시기를 바란다.

라운드피겨에서의
우선순위

저는 주식에서의 라운드피겨를 크게 세 가지로 구분하고 있습니다. 같은 라운드피겨라고 할지라도 각각의 자리마다 조금씩 차이가 있고, 당연히 자리마다 우선순위가 있습니다.

1. 호가창의 배열이 바뀌는 구간

첫 번째는 본문에서도 강조하며 설명한 2,000원, 5,000원처럼 호가창의 배열이 바뀌는 구간입니다. 이 자리에서 주가가 라운드피겨를 돌파하며 상승해줄 때는 돌파하기 직전과 비슷하게 올라가는 듯하지만 수익률에서는 큰 차이가 나는 착시현상 때문에 많은 사람이 노리는 자리입니다. 그런 자리는 당연히 변동성이 크기 때문에 저는 이런 자리를 가장 선호합니다.

2. 주식가격의 단위가 바뀌는 자리

두 번째는 10,000원, 100,000원처럼 주식가격의 단위가 바뀌는 자리입니다. 이런 자리를 돌파할 때는 보통 주가가 크게 상승하며 광기의 영역으로 가는 경우가 많습니다. 때문에 이런 자리를 넘어갈 때는 광기에 못 이긴 투자자들의 매수세가 크게 들어오는 경향이 있습니다. 당연히 거래가 많이 이루어지는 자리이기 때문에 그만큼 매도세도 많고, 그로 인해 큰 수익을 노릴 수도 있습니다. 하지만 반대로 큰 손실을 볼 수도 있는 변동성이 큰 자리입니다.

3. 끝자리가 0이고 호가창에 물량이 많은 자리

세 번째는 4,500원, 57,000원 같은 경우처럼 호가창의 배열이나 가격의 단위가 바뀌지는 않지만 그래도 끝자리가 0이면서 호가창에 물량이 많이 박혀 있는 자리입니다. 이런 자리에서도 1, 2번의 사례처럼 강력하지는 않지만 많은 거래량이 터지는 경우가 종종 있습니다.

다 음 날
갭을 기다리는
상 따 매 매

국내 주식만 가진 특징

미국 주식을 트레이딩할 때는 할 수 없지만, 국내 주식을 트레이딩할 때만 할 수 있는 매매가 있다. 바로 상따(상한가 따라잡기) 매매이다. 우리나라는 신규 상장주를 제외하고 모든 주식의 하루 최고 변동 폭이 30%로 정해져 있다.

그럼 주가가 30%까지 올라가면 어떻게 될까? 더 이상 올라가지 못하고 당일 올라갈 수 있는 최대치의 가격에서 멈추게 된다. 그것을 상한가에 도달했다고 얘기하고, 상한가에 도달한 종목을 상한가나 그보다 전에 매수하여 다음 거래일까지 들고 가는 것을 상따 매매라고 한다.

당일 최대 상승폭까지 도달해 오늘은 더 이상 올라갈 수 없는 종목을 왜 들고 있냐고 생각할 수도 있다. 상따 매매는 오늘 매도하려고 하는 매매가 아닌, 다음 날의 더 큰 상승을 노리는 매매이다.

보통 좋은 뉴스나 시장 이슈가 반영된 종목들이 상한가에 도달하게 되는데 이런 종목들이 상한가를 굳건하게 묶은 상태로 다음 날까지 넘어가게 되면 다음 날 높은 확률로 +구간에서 시작하게 된다. 몇 %에서 시작할지는 상황에 따라 다르지만 평균적으로 5~10% 정도 갭이 뜨는 경우가 많다.

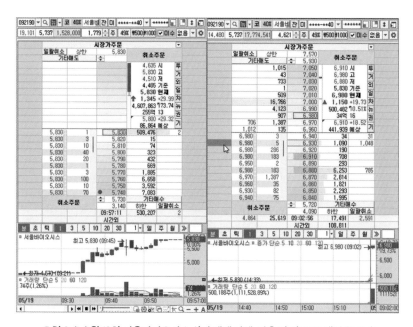

그림 3-5. 5월 19일 서울바이오시스 상따 매매 사례. 다음 날 약 20% 갭이 뜬 모습

상따 매매 영상
5월 19일 서울바이오시스 상따 매매

그리고 아주 가끔은 20% 이상이나 30% 쩜상으로 시작하는 경우도 있어서 하루 만에 정말 큰 수익을 낼 수 있는 매력적인 매매이다.

이슈를 보고 매수한 경우

큰 수익을 낼 수 있다면 당연히 그만한 리스크가 있다. 상따 매매를 할 때 가장 어려운 점은 그 종목이 정말 상한가에 도달할 것이 확실한지를 판단하는 것이다. 이를 위해서는 뉴스나 시장 이슈, 시장 분위기 등을 잘 파악해야 한다.

예를 들어 어떤 바이오 종목이 '암 치료제의 임상3상을 성공하여 곧 치료제로 사용이 가능할 것'이라는 뉴스가 나왔다고 해보자. 이 뉴스가 과연 상한가까지 도달할 수 있는 호재일까? 이런 점을 고민해봤을 때 상한가에 도달 가능하고, 다음 날 갭도 크게 떠줄 거라고 생각되는 뉴스라면 당연히 그 자리에서 빠르게 매수한다. 또는 조금 더 확실한 자리를 노리고 싶다면 상한가에 들어가려는 순간 매수하면 된다.

하지만 상한가에 도달할 정도의 뉴스라고 생각했음에도 불구하고 상한가에 가지 못하고 무너지는 경우도 있다. 주식을 시작한 지 얼마 되지 않은 초보 투자자에게 이런 경우가 특히 많을 것이다.

이럴 때가 가장 위험한 순간이다. 왜냐하면 정말 자극적인 뉴스를 띄워 순식간에 상한가 근처까지 급등시켰지만 그 자리에서 상한가에 들어가지 못하고 주가가 크게 무너지며 하루 만에 고점 대비 10%, 20%씩 빠져 버리는 경우도 종종 있기 때문이다.

많은 초보 트레이더가 이런 자리에서 풀미수, 몰빵(집중투자) 베팅을 했다가 손절을 빠르게 하지 못해서 깡통을 차곤 한다. 그렇기에 확신이 있어도 언제든 손절할 준비가 되어 있어야 한다. 그러기 위해서는 상따 매매에서도 매수 전에 매도 기준을 확실하게 정해야 한다.

상따 매매를 할 때 나의 매도 기준 중에 가장 기본적인 것은 매수 기준에 문제가 생겼을 때 무조건 매도하는 것이다. 가령 정말 좋은 뉴스로 상한가까지 도달한 종목을 '좋은 뉴스'라는 기준을 가지고 매수했다고 해보자.

그런데 이 뉴스가 가짜뉴스라고 회사에서 반박기사를 낸다면 어떻게 해야 할까? 매수 기준이 무너진 것이니 최대한 빠르게 매도하는 것이 맞다. 비록 반박기사를 늦게 확인하여 이미 5% 이상 손실이 나 있는 상태라고 해도 절대로 버티고 있어서는 안 된다.

왜 그런 상황에서 버티면 안 될까? 관련된 예시 자료를 보며 확인해보자.

딜라이트닷넷 · 2023.06.08.

미래에셋생명 주가 상승 '공개매수 검토 중'

8일 오전 9시 46분 기준 **미래에셋생명**은 12.39%(405원) 상승한 3675원에 거래 중이다. **미래에셋**그룹은 올해 하반기를 목표로 미래에셋생명의 **공개매수**를 검토 중인 것으로 전해졌다. 이어 오는 12일 오전 9시 국내 기관...

Ⓝ 뉴스웨이 · 2023.06.08.

[특징주]미래에셋생명, 공개매수 소식에 장중 5%대 상승

05% 오른 3435원에 거래 중이다. 반면 **미래에셋**증권은 전 거래일보다 0.40% 내린 7420원에 거래 중이다. **미래에셋생명**의 이 같은 오름세는 **미래에셋**그룹이 회사의 **공개매수**를 검토 중이라는 소식이 일자 투자자들의 기대감이 반영된 것으로 풀이된다. transfer@

한국경제TV PICK · 2023.06.08. · 네이버뉴스

주가 급등한 생보사..."미래에셋, 공개매수 추진"

이날 업계에 따르면 **미래에셋**그룹은 올해 하반기를 목표로 **미래에셋생명**의 **공개매수**를 검토 중인 것으로 전해졌다. **공개매수**를 위해선 대주주가 95% 이상의 지분을 가지고 있어야 하는데, **미래에셋**그룹의 총 지분율은...

그림 3-6. 미래에셋생명이라는 종목에 공개매수가 추진될 수 있다는 뉴스

🅞 이투데이 · 2023.06.08.

미래에셋그룹, 미래에셋생명 공개매수·상폐설 일축..."논의된 바 ...

이투데이=권태성 기자 | **미래에셋**그룹은 미래에셋생명 **공개매수** 보도에 사실무근이라고 밝혔다. 8일 미래에셋그룹 관계자는 "**미래에셋생명** 주식을 **공개매수**한다는 것은 "논의된 바 없다"라고 말했다. 이날 **미래에셋**그...

MT 머니투데이 · 2023.06.08. · 네이버뉴스

미래에셋그룹 "생명 공개매수·상장폐지說 사실무근"

미래에셋그룹 관계자는 8일 "**미래에셋생명** 주식을 **공개매수**를 추진한다는 설은 사실이 아니다"고 말했다. 지난 4월 **미래에셋**컨설팅이 미래에셋생명 주식을 173만주(0.98%) 가량 **매**수한 것에 대해서는 "가격이 싸서 **매수**한 것일 뿐"이라고 설명했다. 앞서 일부 언론은 **미**...

🅐 아시아투데이 · 2023.06.08.

미래에셋생명 "그룹 공개매수·완전자회사 편입보도 사실 무근"

이날 오전 **미래에셋**그룹이 올 하반기 **미래에셋생명**의 **공개매수**를 검토 중이라는 보도가 나오면서 **미래에셋생명** 주가가 급등했다. **미래에셋생명**은 전 거래일보다 6.42% 오른 3480원에 장을 마쳤으며 이날 오전엔 52주 신고가를 기록했다. **미래에셋생명** 관계자는 "완전...

🅝 뉴스핌 · 2023.06.08.

미래에셋그룹, 생명사 공개매수·상장폐지..."사실무근"

미래에셋그룹이 미래에셋생명을 **공개매수**할 것이란 언론 보도에 대해 '사실무근'이라는 입장을 내냈다. 서울 을지로 **미래에셋** 센터원 전경 [사진=미래에셋] 8일 **미래에셋**그룹 관계자는 "**미래에셋생명** 주식을 **공개매수**...

그림 3-7. 공개매수에 대한 회사 측의 반박기사

그림 3-8. 6월 8일 미래에셋생명 10분봉 차트. 호재뉴스가 나오고 20분 만에 상한가 직전까지
급등했다가 반박기사가 나오자 6%까지 급락하여 마감한 모습

만약 처음 나왔던 호재뉴스(그림 3-6)만을 믿고 상따 매매를 시도한 사람 중 상한가에 도달하려는 순간에 매수했다면 아마 순식간에 2~3% 이상 손실이 발생했을 것이다. 이런 경우 나의 상따 매매 원칙상 최소한 -3%가 넘어가기 전에 손절했어야 한다. 하지만 호재뉴스를 너무 믿고 일단 버텼다면 반박기사가 나올 때 즈음 수익률은 -7%에서 -8% 정도를 왔다 갔다 하고 있었을 것이다. 애초에 상따 매매를 할 때 이 정도 손실까지 오는 것도 크게 잘못된 것이지만 그래도 최소한 반박기사를 보고 그 자리에서라도 손절했어야 한다.

이 종목은 결과적으로 반박기사가 나오고 -1%까지 급락했다. 만약 이 종목을 상한가에 들어가려는 순간 최고점에 매수한 사람은 하루 만에 -20%가 넘는 손실로 마감하게 되었을 것이란 얘기다.

이러한 무서움 때문에 나는 상따 매매를 하더라도 보통 매수가가 무너지거나 최대 -2%에서 -3% 내에서 손절하는 경우가 많다. 그리고 만약 매수 기준이 훼손되었다면 그 자리가 -5%이든 -10%이든 상관없이 무조건 손절한다.

가끔 매수 기준에 문제가 생겼더라도 이상하게 상승하는 종목이 나오기도 하는데, 그러한 경우는 아주 드물다. 또 그렇게 수익을 낸 것은 그저 운으로 낸 것이기 때문에 다음번에도 비슷하게 수익을 낼 수 있을 리가 없다. 운으로 만든 수익은 절대로 꾸준할 수 없다는 것을 기억해야 한다. 그리고 가장 기본 중의 기본 원칙인 '매수 기준이 훼손되면 매도한다'를 꼭 명심했으면 좋겠다.

상승 중 매수세를 감지해 매수한 경우

그 외의 매도 기준은 보통 매수할 때 세우는 편이다. 나는 보통 상따 매매를 할 때 25% 이상의 자리에서 매수하는 편이며, 뉴스를 가장 중요하게 본다. 가령 10%대에서 아주 좋은 뉴스가 나온 것을 확인해도 대개 그 자리에서는 매수하지 않고 일단 관찰한다. 이유는 간단하다. 그 자리에선 손절 기준을 세우기 어렵기 때문이다.

만약 보합에 있던 종목이 상한가도 가능할 것 같은 좋은 뉴스가 나와서 순간적으로 15%까지 올랐다고 해보자. 이 자리에서 뉴스를 보고 매수했더니 그대로 상한가까지 도달하고, 다음 날 갭도 떠주게 되면 매우 큰 수익을 낼 수 있다. 하지만 이렇게 생각한 대로 좋게 흘러가는 경우는 거의 없다.

분명히 좋은 뉴스라고 생각했는데 알고 보니 1년 전에 올라왔던 뉴스를 재탕하여 사용하는 경우일 수도 있다. 그리고 좋은 뉴스지만 이미 소문이 너무 많이 돌았던 종목은 뉴스가 뜨는 것과 동시에 급등하더라도 이 사실을 알고 미리 매수한 사람들의 매도세로 인해 주가가 더이상 올라가지 못하고 아래로 쭉 빠져 버릴 수도 있다.

나는 -1% 손절, -3% 손절처럼 %를 손절 기준으로 잡지 않는다. 때문에 이러한 경우에 확실한 손절 기준을 잡는 데 어려움이 있다. 그래서 상한가에 갈 것 같은 종목이라도 10%대에서 미리 사는 경우보다 계속해서 강한 매수세가 들어오면서 25%까지 왔을 때, 그리고 그 자리에서 호가창을 보고 매수세가 들어오는 것을 파악하고 27%를 넘어 28%, 29%, 상한가까지 달려가는 순간에 매수하는 편이다. 당연히 25% 위라고 무조건 매수하는 것은 아니다. 호가창을 보고 흐름이 빨라지며 매수세가 많이 들어온다고 느껴질 때 돌파 매매의 느낌으로 매수하는 것이다.

그리고 이때의 매도 기준은 간단하다. 내가 산 가격이 무너지면 매도한다. 내가 28%에 매수하여 상한가까지 터치했더라도 상한가를 묶지 못하고 다시 밑으로 내려오는 경우가 있다. 이럴 때는 나의 매수가격이 무너지는 순간 기계처럼 매도한다. 이렇게 빠르게 손절하는 이유는 27%를 넘어 상한가로 크게 급등이 나와줄 때 나는 이 종목이 순식간에 상한가를 확 말아주고 풀리지 않을 것을 기대하며 매수에 들어갔을 것이다. 하지만 이렇게 매수세가 확 몰리는 타이밍에 같이 매수했는데도 불구하고 내 평단가가 무너진다면, 생각했던 흐름이 아니고 타이밍을 잘못 잡은 것이기 때문에 기계적으로 재빨리 손절하는 것이다.

이렇게 매매하면 손절하는 횟수가 수익을 내는 횟수보다 훨씬 많을 수도 있다. 그럼에도 불구하고 손절은 제세금(증권거래세) 정도의 0.2% 수준이거나 그보다 조금 더한 1% 내로 이뤄진다. 하지만 수익을 낼 때는 평균적으로 5~10%씩 내기 때문에 이런 매매를 5번 중 1번만 성공해도 손익비를 맞출 수 있다. 물론 매수가격이 무너질 때 기계처럼 손절해낸다는 가정하에서다.

다양한 이유로 매수한 경우

또 무조건 매수가격을 손절 가격으로 잡는 것도 아니다. 이런 기준은 종목에 따라, 뉴스의 강도에 따라, 시장 분위기에 따라 늘 달라진다. 가령 뉴스가 매우 좋고 예전에 나왔던 뉴스를 재탕하는 경우도 아니며, 반박기사가 나오기도 어려운 그런 호재가 있는 종목이 상한가를 도전할 때 시장이 좋지 않아서 상한가에 빠르게 들어가지 못하고 위아래로 변동을 꽤 주는 경우도 있다. 이럴 때는 내가 27%에 매수했다고 무조건 27%에 손절하는 것이 아니라, 아래로 2~3%의 손실 정도는 더 열어

두고 매매하기도 한다.

　이는 상한가에 도달할 확률과 상한가에 도달했을 때 다음 날 높은 갭을 띄워줄 확률이 매우 크다고 생각해서 2~3%의 손실을 감수하고서라도 베팅을 진행하는 것이다. 이러한 매매가 가능하려면 정말 좋은 뉴스인지 파악할 수 있어야 하고, 종목이 상한가를 묶고 갭이 뜨는 케이스(그림 3-9), 묶었지만 갭 하락하는 케이스(그림 3-10), 상한가를 묶지 못하고 급락하는 케이스(그림 3-11) 등 정말 많은 경험이 필요하다.

　이런 수많은 경험을 통해 상한가에 들어간다고 해서 그 종목을 무조건 매수하지는 않는다. 큰 이슈로 매우 강한 테마가 형성된다거나, 개별 종목에 좋은 뉴스가 나오는 등 확실한 매수 기준이 있을 때만 매수한다. 그리고 매수가격이 무너지면 손절하거나, -2%에서 -3% 정도로 가격이 무너지면 손절하는 등의 확실한 매도 기준을 시장 상황에 맞춰 세운다. 이 기준들을 지키면 상따 매매의 손익비가 매우 높아지게 될 것이다. 지금은 상따 매매도 내 주력 매매인 짝꿍 매매만큼이나 수익에 큰 영향을 주는 매매가 되었다.

그림 3-9. 1월 12~13일 흥아해운 10분봉 차트
전일 상한가로 마감 후 다음 날 11%의 갭이 뜬 모습

그림 3-10. 1월 16~17일 한미사이언스 10분봉 차트
전일 상한가로 마감 후 다음 날 -4.8% 갭 하락한 모습

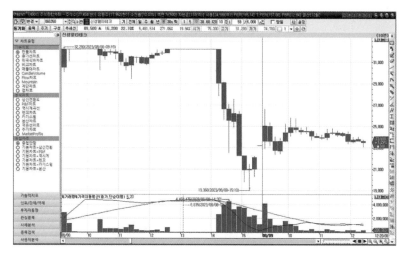

그림 3-11. 8월 8일 신성델타테크 10분봉 차트. 오전에 상한가에 도달했지만
몇 번 풀리고 묶고를 반복하다 오후에 -21%까지 급락한 모습

만쥬의 비법 노트

이슈를
고르는 기준

단기 트레이딩을 할 때 이슈를 파악하는 것은 선택이 아닌 필수입니다. 대부분의 단기 트레이딩은 돈이 몰리는 종목에서 이뤄져야 하는데 돈이 몰리려면 좋은 이슈와 재료가 있어야 하기 때문입니다.

그렇다면 좋은 이슈는 어떻게 골라야 할까요?

1. 연속성

우선 이슈가 연속성이 있는지를 판단해야 합니다. 이 이슈가 지속적으로 뉴스에도 나오고 여러 사이트에서 언급이 될 만한 내용일수록 사람들의 관심이 커질 것입니다. 그리고 이 이슈와 관련된 종목들에 돈이 몰릴 가능성도 높아집니다.

2. 신선함

이슈는 신선할수록 좋습니다. 예를 들어 2021년 쿠팡이 나스닥에 상장한다는 얘기가 나왔을 때, 우리나라에서 인지도가 있는 기업이 나스닥에 상장한다는 이슈는 처음 나왔던지라 신선했고, 사람들의 관심이 매우 크게 쏠렸습니다. 그러다 보니 수많은 관련주가 생겨났고, 관련주들은 쿠팡 테마를 이루면서 몇 달 동안 시장을 주도하는 모습을 보였습니다.

반대로 너무 자주 다뤄졌던 이슈가 반복된다면 신선함이 떨어져서 사람들의 관심을 많이 받지 못할 것입니다. 그런 이슈는 관련주가 부각되더라도 하루 정도만 시세가 나오고 끝이 날 확률이 높습니다.

3. 이슈의 크기

마지막으로 이슈의 크기를 파악할 수 있어야 합니다. 이슈의 크기는 크게 세 가지로 분류할 수 있는데, '세계적인 이슈 ⇨ 국내적인 이슈 ⇨ 기업의 개별 이슈' 순서로 구분할 수 있습니다.

세계적인 이슈는 2020년 중국에서 발병한 코로나19, 2022년 러시아와 우크라이나 전쟁 등을 예로 들 수 있습니다. 두 이슈 모두 세계 증시나 글로벌 에너지, 식품 등의 가격에 큰 영향을 미쳤습니다. 이렇게 세계적인 이슈는 계속해서 사람들의 관심이 매우 크게 몰릴 테니 관련주가 생겼을 때 오랫동안 강하게 움직이는 특징이 있습니다.

국내적인 이슈는 정부의 정책 등에 따라 관련주들이 움직이는 경우입니다. 2024년 1월 의대 증원 정책으로 교육주들이 움직였고, 정책에 반발한 의사들의 전국적인 파업으로 비대면 진료 관련주들도 움직인 경우를 예로 들 수 있습니다. 세계적인 이슈에 비해서는 약하지만 그래도 국내 모든 사람에게 영향을 줄 수 있는 이슈일수록 많은 관심을 받아서 관련주들이 강하게 움직일 수 있습니다.

기업의 개별 이슈는 기업의 실적이나 수주, 매각 등에 따른 것으로 그 이슈의 크기에 따라 시세에 큰 영향을 주지 않거나, 주더라도 단기적으로 끝나는 경우가 많습니다.

이런 식으로 이슈를 파악할 때 중요하게 생각해야 하는 부분을 정리하고, 좋은 이슈를 판단할 수 있는 능력이 생긴다면 매매할 때도 자신감이 생길 것입니다. 그리고 당연히 매매 승률도 더 높아질 것입니다.

12

떨 어 지 는

칼   날

낙주 매 매

낙주 매매의 위험성

지금까지 설명한 매매들이 모두 달리는 말에 올라타는 매매들이었다면 떨어지는 칼날을 잡는 매매도 있다. 바로 낙주 매매다. 이 매매는 많은 분이 아주 위험한 매매이니 하지 말라고 말씀하시곤 한다. 그런데 사실 주식에서, 그중에서도 단기 트레이딩에서 위험하지 않은 매매는 없다고 생각한다. 나는 이런 무서운 매매도 처음부터 도전해왔는데, 경험이 부족하고 확실한 기준을 정립하지 못했을 때는 손실이 훨씬 컸다. 하지만 지금은 낙주 매매도 자주는 아니지만 좋은 자리가 나올때마다 한 번씩 큰 비중으로도 베팅하는 매매 중 하나가 되었다.

낙주 매매 중 가장 기억에 남는 종목이 있다. 신풍제약이라는 종목이다. 2020년 7월 24일 신풍제약 차트(그림 3-12)를 보면 며칠 동안 연이은 급등을 하다가 이날 상한가 직전 가격을 찍고 -13%까지 급락했다. 심지어 이 급락은 장 마감 전 10분 만에 일어났다. 그리고 이 종목은 다음 날까지 하한가를 가며 2거래일 만에 고점 대비 반토막이 났다. 이로 인해 정말 많은 사람이 큰 손실을 보거나 깡통을 차게 되었다.

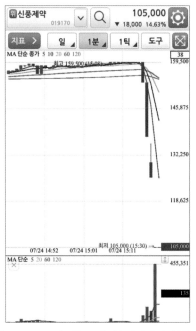

그림 3-12. 2020년 7월 24일 신풍제약 급락 1분봉 차트

나도 이날 이 종목을 매매했다. 그때 당시 200만 원으로 매매하고 있었는데 이 종목이 상한가 근처 가격까지 왔을 때 100만 원어치를 매수

했다. 제대로 된 기준이 아닌 직전 2거래일 동안 상한가에 잘 도달했고 다음 날 갭도 많이 떠줬다는 이유였다. 당연히 '오늘도 상한가에 무리 없이 도달하고 내일 갭이 많이 떠주겠지' 하는 안일한 생각을 했다. 하지만 장 마감 10분 전인 3시 10분쯤 한 호가, 두 호가 내려가기 시작하더니 갑자기 어마어마한 폭포수를 그리며 주가가 떨어지고 10초도 안 되어 하락 VI(변동성 완화 장치)에 들어갔다.

나는 순간 이게 무슨 일인가 싶어 멍해졌지만 이내 정신 차리고 내가 모르는 악재뉴스라도 뜬 건지 여기저기 검색하기 시작했다. 하지만 딱히 악재뉴스는 보이지 않았다. 나는 이유 없는 단기적인 급락이라고 보고 더 떨어질 이유가 없으니 반등할 확률이 높다고 생각했다. 그래서 동시호가에 남은 100만 원을 더 물타기 했다. 어떻게 보면 동시호가에 매수한 이 매매를 낙주 매매라고 볼 수도 있다.

그러나 나의 생각은 너무 안일했다. 4개월 만에 20배 넘게 상승한 종목이 이유 없이 떨어진다고 동시호가에 매수를 진행한 건 지금 생각해도 도박에 가까운 매매였다. 애초에 4개월 만에 20배 넘게 상승했다는 것 자체가 급락이 나올 이유였던 것이다.

그렇게 다음 날 이 종목은 결국 하한가에 도달했다. 나는 하한가보다는 높은 가격에 매도하긴 했지만 계좌에 있던 200만 원 중 80만 원을 날리고 말았다.

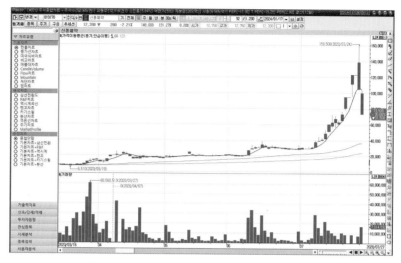

그림 3-13. 신풍제약 20배 상승 후 2일 만에 반토막 난 모습

이것이 낙주 매매의 위험성이다. 대부분의 트레이더가 낙주 매매를 말리는 것은 이러한 이유 때문일 것이다. 급락에 한 번 대처가 늦어지는 순간, 순식간에 계좌가 반토막이 나거나 깡통을 차는 경우가 많기 때문이다. 하지만 도전정신이 강했던 나는 이 매매 또한 소액으로 꾸준히 도전해왔고, 나름 확신을 가질 수 있는 자리를 몇 개 찾게 되었다.

새로운 매매법을 찾다

그렇다면 낙주 매매를 할 때 가장 중요한 게 무엇일까? 이번에도 역시 손절이다. 낙주 매매가 위험한 이유는 빠른 손절을 하지 못하는 경우 순식간에 큰 손실을 입을 가능성이 크기 때문이다. 그래서 무엇보다 빠른 손절이 필수적으로 요구되며, 이를 위해서는 마찬가지로 확실한 매도 기준을 정립해야 한다.

나는 낙주 매매를 할 때 떨어지고 있는 와중에는 거의 매수하지 않는다. 나의 매수 포인트는 떨어지는 도중이 아닌, 이미 크게 급락이 나오고 밑에서 받아주는 물량이 크게 들어오는 것을 포착한 후 주가가 반등을 시작하는 순간이다.

이렇게 하는 이유는 주가가 이유 없이 혹은 작은 악재로 크게 급락할 때 떨어지고 있는 종목을 분할로 잡았는데 그 끝이 앞에서 설명했던 신풍제약처럼 반토막까지 가 버린다면, 분할로 잡았음에도 불구하고 하루 만에 엄청난 손실을 보게 될 수 있기 때문이다. -3%, -5%처럼 기준을 정해서 손절하면 되지 않느냐고 생각할 수도 있다. 하지만 떨어지는 종목을 분할로 잡다 보면 몇 %에 대한 기준이 모호해지면서 결국 손절 자체를 못 하게 될 가능성이 커진다.

그림 3-14는 바이오니아라는 종목 사례이다. 이 종목은 탈모 완화 기능성 화장품 출시에 대한 기대감으로 주가가 크게 올라온 상태였다.

그런데 화장품이 출시되고 며칠 후 주가가 갑자기 큰 폭으로 빠지기 시작했다.

그림 3-14. 5월 8일 바이오니아 10분봉 차트
장 시작 후 +6%에서 하한가까지 급락하는 모습

혹시 출시한 화장품에 문제가 생겼나 싶어 여기저기 기사를 찾아봤지만 그런 악재는 전혀 보이지 않았다. 물론 재료 소멸의 관점으로 해석한다면 주가가 어느 정도 빠지는 게 당연하다. 하지만 문제는 만약 재료 소멸이라면 제품 출시 직후에 바로 주가가 빠졌어야 하는데 출시한 이후 며칠 동안은 고점에서 횡보를 계속했다는 점, 그리고 빠진다고 해도 너무 큰 폭의 급락이었다는 점에서 낙주 매매를 진행하기로 했다.

결과는 대략 -5,000만 원. 처음부터 매수했던 것은 아니고 고점 대비 20% 이상 빠지고부터 악재 없이 이 정도 하락했다면 분명히 중간에 5% 이상의 반등이 한 번은 나와줄 것이라고 생각했다. 그리고 주가가 하락할 때마다 조금씩 매수했는데 주가는 1% 내외의 아주 작은 반등만 가끔 나오면서 계속 급락했고, 결국 하한가까지 도달하는 모습을 보였다. 그래서 하루 만에 5,000만 원이라는 큰 금액을 하한가 근처에서 손절하게 되었다. 이후 이렇게 떨어지고 있는 종목을 계속 분할로 잡는 낙주 매매는 절대 하지 않게 되었다.

거래일	종목명	매수				매도				수수료+제세금	손익금액	수익률
		평균가	수량	매입금액	메모	평균가	수량	매도금액	메모			
23/05/08	바이오니아	61,402	25,465	3,613,600	📄	61,148	28,712	5,680,400	📄	009,168	-51,850,210	-2.44%

그림 3-15. 5월 8일 바이오니아 낙주 매매 결과

그 대신에 다른 방식으로 낙주 매매를 진행했다. 주가가 단기적으로 크게 급락하여 저점을 찍고 그 자리에서 큰 물량이 들어오며 반등하는 타이밍을 노려서 매수했다. 그리고 손절 기준은 내가 매수한 가격이 저점 대비 너무 높이 올라온 가격이면 매수가 손절, 내가 매수한 가격이 저점과 2% 이상 차이 나지 않는 정도의 가격이면 저점 이탈 시 손절 등으로 최대한 2% 이상 손실이 나지 않는 선에서 손절 기준을 잡았다.

이전 낙주 매매와의 차이는 하락하는 중간에 분할로 계속 매수하는 것이 아닌, 크게 급락한 종목이 저점에서 큰 매수세와 함께 반등하는 모습을 보일 때 조금 늦게 위로 매수하는 전략이다. 그러면서 손절 기준은 더 타이트하게 잡아줌으로써, 수익 내는 횟수보다 손절 횟수가 더 많음에도 불구하고 수익률을 손실률보다 훨씬 크게 내서 손익비를 높였다.

그림 3-16. 7월 27일 포스코인터내셔널 낙주 매매 일지 차트

이렇게 하다 보니 최저점보다 더 높은 가격에 매수하게 되지만 보통 이런 낙주 매매에서는 반등이 정말 크게 나오는 경우 순식간에 5~10% 정도의 반등이 나올 때도 많기에 그만큼 수익도 노릴 수 있다. 그러면서 손절은 -1%에서 -2% 내에서 이루어지다 보니 세 번 중에 한 번만 수익을 제대로 내면 손익비가 맞는 싸움이 되는 것이다.

물론 매수할 때 정해놓은 손절 기준을 지키기 힘든 상황도 생기곤 한다. 가령 저점 이탈 시 매도하려 했지만 너무 짧은 순간에 저점을 이탈하고, 그와 동시에 투매가 쏟아져서 순식간에 저점에서 3%, 5% 이상 더 하락하는 경우도 종종 있다. 때문에 빠른 판단이 어렵다면 이런 매매는 절대 해서는 안 된다고 생각한다.

상따 매매, 짝꿍 매매, 돌파 매매 모두 마찬가지이다. 기준이 무너지는 순간, 1초의 고민도 없이 빠르게 손절할 수 있는 판단력을 가진 사람만이 이런 매매를 하는 게 맞다. 당연히 직장에서 휴대폰으로 매매하는 분들도 이런 매매는 지양하는 것이 맞다고 생각한다.

VI
활용하기

VI(Volatility Interruption, 변동성 완화장치)는 매매할 때 여러 가지 기준이 되기도 합니다. 가령 짝꿍 매매를 할 때 대장주가 VI를 강하게 들어가 준다면 후속주도 더 크게 움직여주는 경향이 있습니다. 때문에 VI가 매수 기준이 될 수 있고, 혹은 라운드피겨 돌파 매매를 할 때 101,000원에 VI가 있다면 10만 원을 돌파하자마자 VI에 들어가 줄 확률이 높다고 판단하여 비중을 더 실어서 매수할 수 있는 기준이 되기도 합니다.

VI에 들어갔을 때 사람들의 관심이 더 크게 몰리기 때문에 VI 전후로 거래가 훨씬 활발하게 이루어집니다. 그런데 거래량이 많으니 더 상승해줄 확률이 높다고 생각할 수 있지만, 반대로 큰 물량을 가진 세력들이 물량을 다 정리해 버릴 수도 있기에 큰 하락이 나올 가능성도 염두에 두어야 합니다.

13

직 장 인 도

가 능 한

종 가 베 팅

장 마감에 사서 장 시작에 팔다

그렇다면 빠른 판단이 어렵거나, 직장에서 느긋하게 매매하고 싶은 사람은 단타 매매가 전혀 불가능한 걸까? 그건 아니다. 물론 나는 전업 트레이더이지만 주변에 나보다 오랜 기간 매매하고, 더 큰돈을 번 분들 중에는 직장에서 휴대폰으로 트레이딩하는 분들도 아주 많다. 그런 분들이 하는 매매 중 대표적인 매매가 바로 종가 베팅과 스윙 매매이다.

먼저 종가 베팅이란 시장이 마감할 때 즈음 매수하거나, 동시호가 또는 시간외 단일가에 매수하여 다음 날 매도하는 것을 목표로 하는 매매이다. 이는 앞에서 설명했던 매매법들처럼 매수하자마자 매도하는 게 아니라, 애초에 오늘 매도할 생각 없이 다음 날을 노리고 오늘은 매수만 진행하는 것이다. 때문에 직장인같이 빠르게 사고파는 매매가 어려운 분들이 느긋하게 매매하기 좋다.

종가 베팅의 원리는 단순하다. 다음 날 올라갈 것 같은 이유를 가진 종목을 선택하여 매수하고, 다음 날 갭이 많이 뜨거나 갭은 별로 안 떠도 슈팅이 나오면 그때 수익 실현하는 것을 목표로 한다. 당연히 다음 날 갭이 뜨지 않거나, 장 시작 후 지속해서 하락한다면 손절이 필수다.

종가 베팅은 단타 매매를 하는 사람 중에 가장 많은 사람이 즐겨 하는 매매이기에 사람들만의 기준과 관점이 천차만별이다. 차트를 보고 매매하는 사람도 있고, 수급을 보기도 하고, 뉴스를 보고 매매하기도 한다. 나도 나만의 기준과 원칙이 있다. 하지만 이건 정말 나에게 맞는 것이기 때문에 내가 원칙을 세운 과정을 참고하여 본인만의 기준과 원칙을 정립했으면 좋겠다. 이는 종가 베팅뿐만 아니라 다른 매매에서도 마찬가지이다.

개인적으로 종가 베팅은 많은 단기 트레이딩 중에서 손익비가 맞는 자리를 찾아내는 게 정말 어려웠다. 가장 큰 이유는 나는 주식에서만큼은 성격이 매우 급하고, 보통 빠르게 매수, 매도하는 스캘핑 위주의 매매만을 하다 보니 종목을 하루 이상 들고 가는 것 자체가 처음엔 너무 어려웠다. 또한 어떤 종목을 종가 베팅하기로 하여 14시부터 15시까지 예수금의 거의 전부를 매수했다고 해도 15시 10분 즈음에 자주 하던 짝꿍 매매나 상따 매매의 확률이 아주 높은 자리가 나온다면, 나는 망설임도 없이 종가 베팅을 위해 잡아가던 종목 대부분을 매도할 것이다. 설령 손실 중임에도 말이다.

그 정도로 나는 빠른 매매에 특화되어 있었다. 종가 베팅을 위해 예수금이 분산되어 있을 때 다른 매매에서 확률 높은 자리가 나오면 다시 예수금을 모조리 끌어와 버리는 성향 때문에 처음에는 종가 베팅이 나와는 정말 맞지 않은 매매라 여기고 거의 하지 않았다.

그러다가 다른 매매들을 통해 조금씩 수익금을 쌓으며 예수금이 점점 많아지다 보니 종가 베팅으로 종목을 잡아가면서도 내가 원래 하던 매매도 똑같은 비중으로 할 수 있게 되었다. 게다가 수년간의 빠른 매매에 큰 피로감을 느껴 조금씩 느긋하게 할 수 있는 종가 베팅에 눈이 가기 시작했다.

매수의 기준

1. 이슈

그렇다면 나는 어떤 자리에서 어떤 관점으로 종가 베팅을 할까? 일단 종목 선정에서 가장 기본적인 전제는 이슈가 있는 종목이어야 한다는 점이다. 아무리 변동성이 크고 거래대금이 많이 터지는 종목이라도 아무런 이유가 없는 종목은 절대 종가 베팅 대상으로 보지 않는다.

'인수합병(M&A) 가능성이 있다', '임상이 성공하여 앞으로 치료제로 사용될 가능성이 크다' 등 지속적으로 기대감을 불러일으킬 수 있는 이슈가 있거나, 지금 시장에서 사람들의 관심이 많이 몰리는 테마에 속해 있는 종목 등이 종가 베팅의 대상이다.

2. 차트

이후 이 대상 중에 차트와 수급, 거래대금 등을 분석한다. 차트는 절대적인 기준이 되지는 않지만 차트상 좋은 자리라고 칭하고 가산점을 부여하는 경우가 있다. 예를 들면 신고가가 5,500원인데 이날 종가가 신고가 근처 가격인 5,400원이다. 그렇다면 시간외 단일가나 다음 날에 신고가를 뚫어줄 확률이 높다고 볼 수 있기 때문에 이런 경우 가산점을 줄 수 있다.

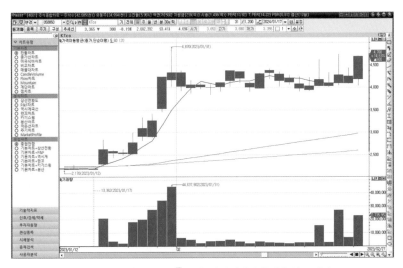

그림 3-17. 당일 종가가 신고가 근처 가격까지 올라온 차트 예시

3. 수급

프로그램 수급, 외인 수급, 기관 수급 등도 체크하는데, 한 주체의 수급이 꾸준하게 이어지는 경우도 마찬가지로 가산점을 준다.

그림 3-18의 두산로보틱스의 수급 이미지를 보면 한 달 동안 꾸준히 연기금의 수급이 들어오며 주가가 지속적으로 올라가는 모습을 볼 수 있다.

그림 3-18. 꾸준한 수급 예시, 11월 두산로보틱스 투자자 매매 추이

4. 시장 분위기

지수가 연이어 하락세를 나타내거나, 우리나라 장중에 미국 선물지수가 계속 하락하는 등의 경우에는 지수의 영향을 많이 받는 종목은 종가 베팅 대상에서 제외한다. 가령 우리나라 증시가 2% 이상 하락 중인데 미국 선물마저 1% 이상 하락 중인 경우에는 분위기가 매우 최악이기에 지수와 관련된 섹터, 예를 들면 반도체, 이차전지 등의 섹터에서

는 종가 베팅을 하지 않는다.

만약 베팅한다고 해도 비중을 많이 줄여서 진행한다. 물론 지수가 이렇게 하락할 때 지수와 반대로 가는 경향이 있는 풋 종목(지수가 하락할 때 오르는 종목)을 함께 종가 베팅하여 리스크를 헤지할 수도 있다. 하지만 난이도가 높은 영역이기에 초보 트레이더라면 차라리 현금 보유를 권유하고 싶다.

이런 식으로 이슈가 있는 종목들을 차트와 수급 그리고 시장 분위기까지 체크하여 종가 베팅 대상을 정한다.

매도의 기준

그렇다면 종가 베팅의 매도 기준은 어떻게 잡을까? 나는 대부분의 경우 종가 베팅으로 매수한 종목은 다음 날 오전에 모두 매도하는 편이다. 왜냐하면 내가 매수하는 종목들은 이슈도 있고, 그날 시장의 관심을 많이 받는 종목들이 대다수여서 다음 날 오전부터 큰 변동성이 나올 확률이 높기 때문이다. 그렇기에 오전에 손실이든 이익이든 그 변동성 내에서 매도하는 경우가 많다.

하지만 가끔 오전에 매도하지 못하는 경우도 생긴다. 가령 이차전지 강세 분위기에 맞춰 프로그램 수급과 차트를 보고 이차전지 종목 중 한 종목을 골라서 매수했다고 해보자. 그런데 다음 날 5%나 갭 하락했는

데, 그 자리에서 프로그램이 계속 매수하고 있다면? 이런 경우는 오전
에 빠르게 손절하지 않고 주가가 올라오기를 기다리며 조금 더 버텨보
는 경우도 있다. 딱히 큰 악재도 없이 갭 하락을 한 것인데, 꾸준히 수
급이 들어왔던 주체마저 계속해서 매수한다면 매수 기준 자체가 크게
훼손된 것이 아니기에 버텨볼 수 있는 것이다.

　포스코DX가 그러한 사례라고 볼 수 있다. 종가 베팅한 다음 날(20일)
-2% 정도 하락하여 시작했지만 전일 종가 베팅했을 때부터 당일 아침
까지도 꾸준히 들어오는 프로그램 수급을 참고(그림 3-19)하여 버티다가
주가가 반등할 때 매도한 모습이다.

그림 3-19. 7월 19~20일 포스코DX 종가 베팅 일지 차트

그림 3-20. 7월 20일 포스코DX 프로그램 매매 추이

여기서 중요한 것은 비중이다. 만약 이 종목을 신용이나 미수 같은 레버리지를 사용하여 예수금 이상의 금액으로 들어가서 갭 하락을 크게 맞았다면 프로그램 수급이고 뭐고 버티지 못하고 전량 손절해 버렸을 수도 있다. 왜냐하면 이 종목을 큰 비중으로 가지고 있으면 다른 종목을 매매할 수 없기 때문이다. 또 레버리지로 들어갔는데 갭 하락을 크게 한다면 이성적인 판단이 힘들어질 정도의 손실이 발생할 수도 있기 때문이다.

이런 이유로 나는 종가 베팅을 할 때는 예수금을 넘어갈 정도로 베팅하는 경우가 거의 없다. 어쩌다 한 번씩 맞을 수 있는 큰 갭 하락에도 계좌에 크게 타격이 없을 정도의 비중만 들어간다. 매수 기준이 훼손되지 않았고 반등의 여지가 있으면 조금 버티거나 물타기를 하기도 한다. 그러나 매수 기준이 훼손되었거나, 시장이나 종목 분위기가 너무 안 좋은 쪽으로 흘러가면 다른 단타 매매할 때와 마찬가지로 칼같이 손절한다.

14

느긋하지만

강   한

스윙 매매

스윙 매매의 강점

　스윙 매매부터는 슬슬 단타 매매라고 부르기 모호해진다. 보통 스윙 매매를 한다고 하면 짧으면 일주일 내로 매매가 끝나기도 하지만, 1~2개월 이상으로 길어질 때도 있기 때문이다. 그렇기에 어떻게 보면 많은 단기 트레이딩 중에 가장 피로도가 적고, 직장인이나 학생 등 많은 분이 휴대폰으로도 쉽게 도전할 수 있는 매매가 아닐까 싶다.

1. 큰 비중을 실을 수 있다

　빠른 매매만을 즐겨 하던 내가 스윙 매매에도 관심을 갖게 된 이유가 몇 가지 있다. 가장 큰 이유는 예수금이 커지면서 단타 매매에서 시드의 한계를 느꼈다는 점이다. 아무리 시장의 주도주라고 한들 시가총액이 어마어마하게 큰 대형주가 아닌 이상 단타 관점으로 5억 원 이상 매수할 수 있는 종목이 많지 않다. 심지어 스캘핑처럼 빠른 매매를 할 때는 1억 원도 매수하기 쉽지 않을 때가 있다.

그에 비해 스윙 매매는 매수도 며칠에 걸쳐서 천천히 하고, 매도는 거래가 터지는 순간에 한 번에 하거나 그마저도 며칠 동안 나눠서 하는 경우가 많다. 때문에 단타 매매에 비해 큰 비중을 실을 수 있다는 장점이 있다.

이는 더 큰 트레이더가 되기 위해서 필수적으로 고민해야 하는 부분이다. 물론 지금의 시드는 단타 매매를 할 때 아직 큰 문제가 되진 않지만 이후에 내가 더 큰 트레이더가 될지도 모르지 않는가? 내가 처음 100만 원으로 주식을 시작했을 때는 4년 뒤에 수억 원으로 매매하고 있을 거라고는 상상하지 못했다. 그리고 이렇게 올라온 이상 나는 더 큰 트레이더가 되고 싶은 욕심이 있기에 큰 비중을 실을 수 있는 매매에도 관심을 가져야 한다.

2. 편안한 매매가 가능하다

두 번째 이유는 매매할 때 느낄 수 있는 편안함이다. 지금 내가 주력으로 하는 짝꿍 매매나 상따 매매 등 짧은 순간에 집중하는 매매들은 그 찰나의 순간을 위해 하루 종일 모니터를 쳐다보고 숨죽이며 집중하고 있어야 한다. 단 1분, 1초의 집중력을 잃는 것만으로도 큰 기회를 놓칠 수 있기 때문이다.

그런 매매를 수년간 하다 보니 몸에 무리가 오기 시작했고, 조금 더 편한 매매를 하고 싶어졌다. 그렇게 자연스럽게 단기간의 주가 변동성에 크게 신경을 쓰지 않아도 되는 스윙 매매에 관심을 갖게 되었다. 거의 모든 시드를 초단타 매매에 쓰던 과거와 달리 지금은 초단타 매매보다 종가 베팅, 단기 스윙 등의 느긋한 매매에 더 큰 시드를 두고 트레이딩하고 있다.

스윙 매매에서 주의할 것

1. 섬세한 비중 조절

스윙 매매도 어떻게 보면 종가 베팅과 유사한 점이 많다. 이슈가 있는 종목을 차트나 수급 등을 참고하여 하루 이상 들고 가는 매매인데, 스윙의 경우 종가 베팅처럼 하루, 이틀 안에 매도하는 게 아닌 길게 볼 때는 수개월까지도 가지고 간다는 점에서 차이가 있다. 그렇다 보니 비중 조절이 종가 베팅보다 더 중요하다.

길면 수개월까지 볼 생각인 종목을 하루 만에 풀베팅해 버린다면 어떻게 될까? 그렇게 되면 이 종목을 매도하기 전까지 다른 종목은 전혀 거래할 수 없게 된다. 때문에 단기 트레이딩도 같이 한다면 절대 그렇게 매수하면 안 된다.

또 풀베팅은 아니지만 처음 들어가려고 생각했던 금액을 하루 만에 모두 매수했을 때 만약 이 종목에서 원하는 이슈나 생각하던 일정이 오기 전에 너무 크게 하락한다면 손실분을 버티기 힘들어진다. 그런 와중에 추가 매수할 수 있는 자금적 여유도 없다면 어쩔 수 없이 손절하게 될 것이다. 그리고 그 자리에서부터 반등하여 처음 생각했던 그림이 나오는 것을 그저 지켜만 봐야 할 수도 있다.

그렇기에 다른 단기 트레이딩에 비해 조금 더 긴 호흡으로 보는 스윙 매매를 할 때는 비중 조절을 아주 섬세하게 하여 여유를 가지고 매수를 진행해야 한다.

2. 기대감의 유효성

스윙 매매를 할 때 뉴스가 나온 종목을 트레이딩하는 경우도 있지만, 종목의 일정을 보고 그 일정일까지를 목표로 트레이딩하는 경우도 있다. 이 경우에 가장 중요한 것은 한 가지다. 그 종목의 일정일까지 종목에 대한 기대감으로 주가가 올라갈 여지가 있는지를 파악하는 것이다.

예를 들어 A라는 종목이 다음 달에 신작 게임을 출시한다고 발표했다. 그런데 이 게임에 대한 기대가 크고 어마어마한 숫자의 사전예약자들이 몰린다면 이 종목은 게임이 출시되기 전까지 기대감으로 주가가 쭉 올라갈 가능성이 크다. 물론 출시된 이후에는 주가가 어떻게 될지 알 수 없지만 말이다.

이와 반대로 무언가를 출시한다고 예고했음에도 불구하고 사람들의 관심이 없거나 반응이 생각보다 미적지근하다면 이 종목에는 기대감이 붙지 않아서 주가가 올라갈 확률도 낮아진다.

이렇듯 정해진 일정이 있는 종목 중에 기대감이 많이 몰릴 수 있는 종목에 비중 조절을 잘해서 목표 일정이 될 때까지 분할로 매수하여 끌고 가는 매매가 바로 스윙 매매이다.

사례로 보는 스윙 매매

다음은 내가 실제로 매매를 진행했던 종목이다.

그림 3-21은 바이오니아라는 종목이 탈모 완화 화장품을 다음 달부터 판매하겠다는 내용이 담긴 뉴스이다. 바이오니아에서 나온 화장품의 기능이 타사에 비해 뛰어났고, 부작용은 적다는 평가가 많아서 이전부터 많은 사람의 기대를 받았다. 그런 와중에 드디어 생산 준비를 마쳤고, 곧 판매를 개시한다고 했다. 그 일정이 오기까지 사람들의 기대감이 지속될 수 있고, 이는 주가 상승으로 연결될 수 있다고 생각하여 스윙 매매를 진행했다.

바이오니아, 탈모 완화 화장품 코스메르나 생산 순항…유럽시장 상륙 초읽기

발행일 : 2023-03-27 08:28

바이오니아는 탈모 완화 화장품 코스메르나 앰플 13만개 생산이 가능한 원료 시생산을 마쳤다고 27일 밝혔다.

바이오니아에 따르면 부자재 생산도 이달 중 완료돼 내달 초부터 초도 제품 생산을 위한 모든 준비가 완료된다. 앞서 물류 계약도 마친 만큼 코스메르나 유럽 시장 상륙이 초읽기에 들어갈 전망이다.

바이오니아는 자사 쇼핑몰 런칭과 글로벌 이커머스 입점에 따른 판매량 증가를 대비해 원료 대량 생산설비를 증설할 계획이다. 시설 투자를 통해 연내까지 생산 규모를 월 10만개로 늘리고, 장기적으로는 대용량 합성기를 개발해 월 100만~1000만개 규모로 생산용량을 늘리는 것이 목표다.

초도 생산물량을 확보한 바이오니아는 내달 3일 서울 무역센터에 코스메르나 전담부서가 입주하면 순차적으로 자사 쇼핑몰 론칭과 아마존 유럽 등 글로벌 이커머스 플랫폼 입점을 추진할 예정이다.

탈모 완화 제품에 대한 소비자 수요가 매우 커 코스메르나가 성공적으로 출시된다면 프로바이오틱스를 잇는 안정적인 캐시카우로 자리잡을 것으로 바이오니아는 전망하고 있다.

바이오니아 관계자는 "코스메르나에 대한 많은 관심과 함께 해외 출시일 관련 문의가 쇄도하고 있다"며 "출시 이후 판매과정에서 공급부족이 생기지 않도록 설비투자를 늘려가면서 동시에 생산 신기술을 개발해 나갈 것"이라고 말했다.

대전=이인희기자 leeih@etnews.com

그림 3-21. 2023년 3월 27일자 바이오니아 관련 뉴스

　　화장품 판매가 시작되는 순간을 매도 기준으로 잡았다. 이유는 판매가 시작되면 그전까지 있던 기대감이 다하여 주가가 하락할 가능성이 있기 때문이다. 이런 현상을 흔히 재료 소멸이라고 얘기한다.

　　물론 판매가 시작된 후 생각보다 판매가 잘되고 사람들의 반응이 기대 이상이면 재료 소멸이 아닌 재료 지속으로 보고 주가가 더 올라갈 가능성도 있다. 하지만 어차피 이 종목에서 내가 노린 포인트는 화장품이 출시되어 판매되는 순간까지의 기대감이기에 그 이후는 중요하게 생각하지 않았다.

그렇게 기사를 읽고 3월 말부터 분할 매수하기 시작하여 일정이 오기 전 미리 큰 상승이 나오면 조금씩 수익 실현하면서 비중을 줄여갔다. 그리고 단기적으로 하락이 크게 나오면 조금씩 추가 매수하여 비중을 늘리는 방식으로 매매를 이어나갔다. 그리고 5월 초 바이오니아 자사몰에서 판매를 시작하기 하루 전 대부분의 비중을 수익 실현하고 판매를 시작한 D-Day에 남은 물량을 전량 매도했다.

그림 3-22. 4월 5일~5월 3일 바이오니아 스윙 매매 수익 내역

이렇게 보면 스윙 매매가 아주 쉬워 보일 수도 있다. 물론 다른 단타 매매에 비해 쉬운 점도 분명히 있다. 하지만 문제는 종목의 주가가 내가 생각했던 시나리오대로 가는 경우가 많지 않다는 점이다. 만약 화장품 판매 시작 시점이 수개월 이상 미뤄졌다거나, 더 심한 악재로 화장품 기능에 숨겨진 문제가 있었다는 내용의 기사가 나오기라도 했다

면, 나는 아마 꽤 큰 손실로 매매를 마무리했을지도 모른다.

아무리 스윙 매매라고 해도 이런 리스크는 당연히 감수해야 하는 것이다. 또한 생각했던 시나리오대로 흘러갔음에도 불구하고 일정일까지 주가가 쭉 상승하지 못하고 조금만 상승하다가 고꾸라져서 일정일이나 그 직전에 손실로 마감하고 나오는 경우도 허다하다. 이런 상황에는 특별한 비법이 없다. 그저 경험치를 쌓아서 그때그때 맞게 노련하게 대처하는 것이 최선의 방법이다.

15

나를 키운

매 매

일 지

도박과 기술을 가르는 차이

주식을 도박이라고 여기는 사람들이 있다. 반은 맞는 말이다. 왜냐하면 많은 사람이 실제로 주식을 도박처럼 하기 때문이다. 대부분의 사람이 주식을 매수할 때 별다른 이유 없이 그저 느낌에 따라 매수한다. 그런 사람에게 이 주식을 왜 샀냐고 물어보면 늘 똑같은 대답을 한다. 그냥 오를 것 같아서 샀다고.

매도는 어떻게 하는지 물어볼 생각도 없다. 어차피 그런 사람들에겐 매도 기준이나 원칙은 존재하지 않을 것이다. 이렇게 하는 매매를 나는 도박이라고 본다. 느낌으로 사고 운이 좋으면 수익을 내고 운이 나쁘면 손실을 보는 게 우리가 아는 도박과 딱 맞아떨어지지 않는가.

하지만 주식을 무조건 도박이라고 볼 수는 없다. 수년간, 수십 년간 주식으로 꾸준히 돈을 버는 사람이 많기 때문이다. 그런 사람들을 평범한 사람들과는 완전히 다른 특별한 사람이라고 생각할 수 있다. 하지만 꾸준히 돈을 버는 사람들과 도박을 하는 사람들의 차이는 단 하나이다. 바로 매매의 이유를 설명할 수 있느냐는 것이다.

어린 나이 치고 많은 트레이더를 만나봤다. 10년도 안 되어 50억 원을 버신 분, 20년간 꾸준히 매년 수억 원씩 벌고 계신 분, 30년 넘게 매매하며 수천억 원 자산에 이르신 분 등 정말 훌륭한 트레이더를 많이 만나봤는데 그분들에게는 공통점이 있었다. 트레이딩하는 종목과 포지션의 이유에 대해 누구보다 자신 있게 설명할 수 있다는 것이다. 그 생각은 꼭 남들과 다른 차원의 특별한 것이 아닌, 남들도 할 수 있을 법한 평범한 것들이다. 그러면서 자신의 생각이 맞을 때는 큰 수익을 내고, 자신의 생각이 틀릴 때는 누구보다 빠르게 그 사실을 인정하여 작은 손실에 그친다. 가끔 한 번 큰 손실을 맞게 되더라도 급하지 않고 느긋하게 그 시련을 이겨내고, 결국 다시 차근차근 올라온다는 점이 그분들과 평범한 사람들과의 차이다.

나 역시 수많은 매매에 도전하며 오늘은 손실을 봤으니 확률상 내일은 수익을 낼 수 있겠지 따위의 운에 기댄 생각은 하지 않는다. 오늘 손실 본 이유에 대해 깊이 생각하며 나의 어떤 점이 오늘의 손익비에 악영향을 준 것인지 생각하고 또 생각한다.

결과적으로 이런 태도 덕분에 매매법마다 나름의 자신 있는 구간, 손익비가 맞는 자리가 생기게 되었다. 하지만 지금도 손실이 난 날에는 그 이유에 대해 꾸준히 고민하고 연구하며 손익비를 맞춰가고 있다. 이는 어쩔 수 없는 트레이더의 숙명이라고 생각한다.

매매일지를 꾸준히 작성한 이유

내가 잘못된 습관을 고치고 잘하는 매매를 더 발전시킬 수 있었던 이유는 꾸준히 작성한 매매일지가 있었기 때문이다. 앞에서도 그날의 매매를 녹화하여 돌려보는 것과 매매한 종목의 매매일지를 작성하는 것이 매우 중요하다고 말했다.

이번에는 내가 2020년부터 작성한 매매일지가 나의 매매에 어떤 영향을 줬는지 직접 올렸던 일지들을 참고하며 얘기해보도록 하겠다.

그림 3-23. 지금까지 카페에 작성했던 매매일지 목록

2020년 초 매매를 시작한 지 얼마 안 되어 처음 매매일지를 작성해 보긴 했지만, 이때는 그 중요성을 크게 알지 못했다. 또한 일지를 쓸 시간에 차라리 고수들의 매매 영상을 하나라도 더 보는 게 좋을 거라는 생각도 했다. 계속해서 다른 공부들을 열심히 했지만 나의 매매는 나아질 기미가 보이지 않았다. 그렇게 2월부터 5월까지 꾸준히 손실을 보면서 계좌는 마이너스를 키워갔다.

그러다 5월부터 다른 사람의 매매를 공부하는 것보다 나의 매매를 돌아보는 것을 먼저 해보자는 결심을 하게 되었다. 그렇게 꾸준히 일지를 작성하기 시작했고, 그러면서 매매 영상도 함께 녹화하여 돌려보니 확실히 내가 어떤 자리에서 손실을 보고, 어떤 자리에서 수익을 많이 내는지가 보이기 시작했다.

매매일지 1

5월 19일에 초록뱀이라는 종목을 종가 베팅하였다가 시초가에 -13%라는 큰 손실을 보고 손절한 모습이다(그림 3-24). 그 전날에도 이렇게 종가 베팅을 노리고 조금씩 모으다가 지수가 하락하여 손절했다고 나와 있다. 이렇게 매매일지를 살펴봤을 때 천천히 모아가면서 종가 베팅을 할 때 유독 손실을 보는 경우가 더 많다는 것을 알게 되었다.

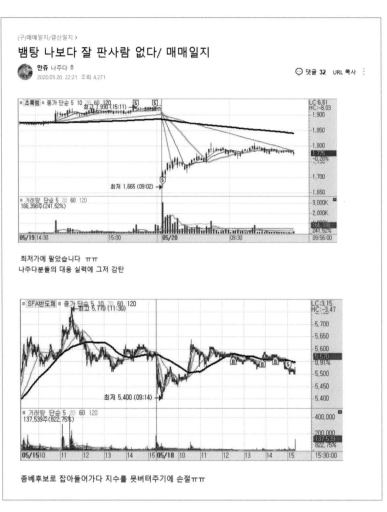

그림 3-24. 초록뱀 매매일지

매매일지 2

꾸준히 매매일지를 작성하면서 매번 나의 매매를 되돌아보니 확실히 수익을 내는 경우가 많아졌다. 바로 나의 주력 매매가 된 짝꿍 매매 덕분이다.

이때 당시 매매할 때만 해도 크게 느끼지는 못했다. 하지만 영상을 돌려보고 일지도 쓰다 보니 대장주를 보고 후속주를 매매하는 짝꿍 매매가 나와 잘 맞는 매매라는 것을 조금씩 느끼게 되었다(그림 3-25, 26).

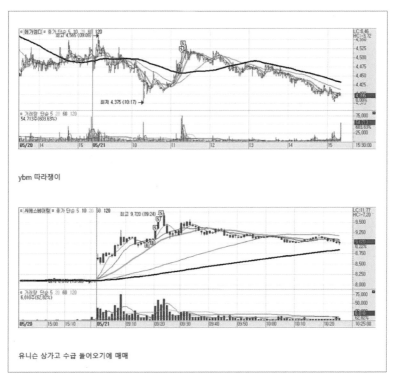

ybm 따라쟁이

유니슨 상가고 수급 들어오기에 매매

그림 3-25. 짝꿍 매매의 시작 1

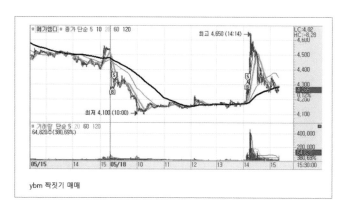

ybm 짝짓기 매매

그림 3-26. 짝꿍 매매의 시작 2

매매일지 3

지금 봤을 때는 타점이 많이 엉성하지만 그래도 이때는 가장 수익이 잘 나는 매매였다(그림 3-27, 28). 계속해서 짝꿍 매매를 연습하면서 같은 짝꿍 매매라고 하더라도 조금 더 확률이 높은 자리가 있는지, 혹은 조심해야 하는 자리가 있는지 등을 공부하면서 짝꿍 매매의 실력을 점점 더 키워갔다.

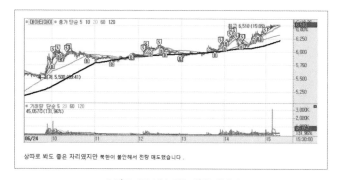

상따로 봐도 좋은 자리였지만 북한이 불안해서 전량 매도했습니다.

그림 3-27. 계속되는 짝꿍 매매 1

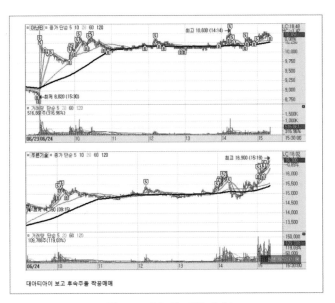

대야티아이 보고 후속주들 짝꿍매매

그림 3-28. 계속되는 짝꿍 매매 2

이렇게 다른 매매들도 함께하면서 확실하게 수익을 잘 내는 매매가
무엇인지 고민했다. 그러면서 매일 매매일지도 쓰다 보니 어느 순간부
터 짝꿍 매매에 거의 올인하고 있는 내 모습을 발견하게 되었다.

나와 맞는 매매법을 찾아서

이후부터 올린 매매일지에는 한동안 거의 모든 매매가 다 짝꿍 매매
였다. 계속해서 다른 매매도 조금씩 해보았지만 꾸준히 좋은 수익을
내는 매매가 없었다. 때문에 굳이 다른 매매를 하기보다 지금 당장 자
신감이 붙은 짝꿍 매매에 더 집중했던 것이다.

//나에게 맞는 매매법 찾기

만쥬 나주다 ♨
2020.07.22. 13:01 조회 4,382   💬 댓글 **15**   URL 복사   ⋮

내가 제일 잘하는 매매법은 뭘까
늘 고민합니다.

그래서
평소엔 안해봤던 매매도 많이 해보는 요즘입니다.

상따,1틱띠기, 짝꿍매매, 종가베팅, 낙주매매 등

나에게 맞는매매를 찾아 그 분야의 최고가 되려합니다.

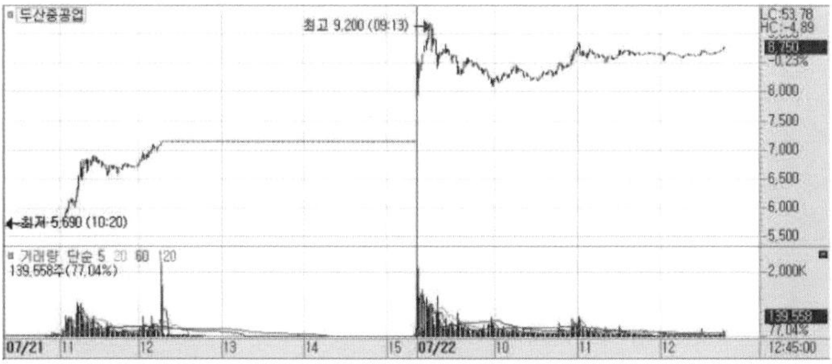

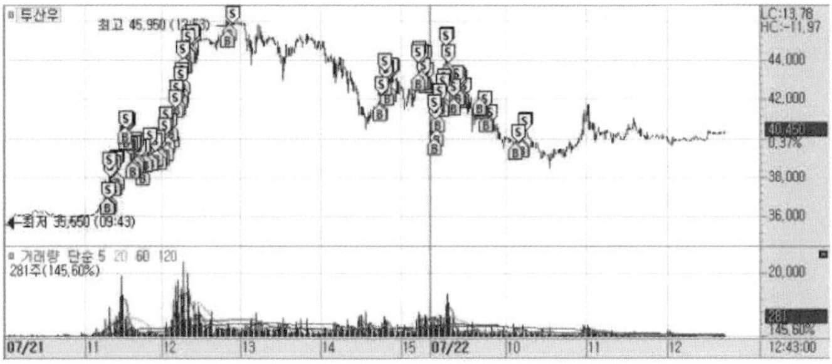

두산중공업을 매매할수도 있었겠지만
대장의 흐름을 잘 따라다니는 우선주로 매매했습니다

익절도 빠르게 손절도 빠르게
거래세가 엄청나왔겠지만
의외로 큰 수익으로 마무리했습니다.

그림 3-29. 다양한 매매에 도전 중

[매매일지] //나에게 잘맞는 매매 2

대장주 따라다니며 후속주 매매

그림 3-30. 짝꿍 매매가 주력이 되다

//나에게 잘맞는 매매 3

만쥬 나주다 ♨
2020.09.02. 11:51 조회 1,914

댓글 **9** URL 복사 ⋮

케미칼에 강한 흐름 들어오기에 케미칼우를 쫓아가려했으나 한발 늦어 디스커버리우 매수
다행이 상승의 출발에서 잡아서 여유롭게 매도
이후 케미칼 고점돌파 맞춰서 케미칼우 짧게 매매

그림 3-31. 매매를 복기하니 내 실력이 보인다

꾸준함의 결과

그렇게 꾸준하게 자신 있는 한 가지 매매만을 해온 결과 2020년 11월에 처음으로 키움증권 실전투자대회에서 2등을 하게 되었다. 이때부터나는 짝꿍 매매, 2등주 매매를 잘하는 트레이더로 알려지면서 조금씩유명해졌다. 그리고 이후에도 짝꿍 매매를 주력으로 하면서 다른 여러가지 매매도 꾸준히 연습했다. 그 결과, 지금은 모든 매매를 할 수 있는올라운드 트레이더가 되었다. 이렇게 되기까지는 매매일지가 정말 큰역할을 했다. 지금도 나는 더 발전하기 위해 꾸준히 매매일지를 쓴다.

100만 원을 가지고 첫 실전투자대회에 참가할 때는 우승이 목표라기보다 대회에 참가한 김에 한번 출금 없이 매매에 전념해보자고 다짐했다. 그리고 대회에 참가한 첫날부터 매일일지를 쓰고 매매 영상 복기도 꾸준히 하며 나의 매매를 다듬는 데 전념했다.

그렇게 대회가 시작된 지 3주 만에 나는 톱 10에 진입했다. 그리고중간중간 일별 최고 수익도 달성하며 2등으로 대회를 마무리할 수 있었다.

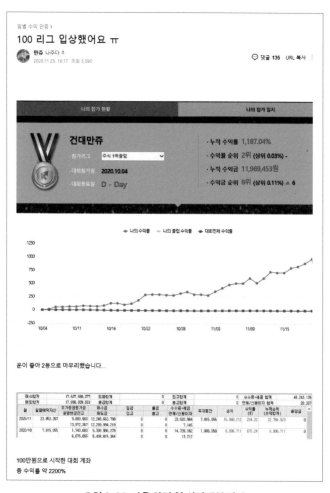

그림 3-32. 나를 알린 첫 실전대회 결과

아쉽게도 다른 연습용 계좌에서 같은 종목을 매매했던 것이 규정에 어긋난다는 이유로 최종 심사에서는 탈락했지만 크게 아쉽지 않았다. 이때부터 전업 트레이더를 꿈꿨던 것 같다. 사실 이전까지는 주식으로는 아르바이트해서 받을 수 있는 월급 정도만 꾸준히 벌면서 더 이상 아르바이트를 하지 않고 학교생활에만 전념하고 싶은 욕심밖에 없었다.

하지만 이렇게 나의 가능성을 본 이상 나는 전업 트레이더가 되기로 마음먹었다. 그리고 나의 여러 스승님처럼 매월 수천만 원에서 수억 원을 버는 큰 트레이더가 되는 것을 목표로 더 큰 도전을 하기로 했다. 그렇게 나는 매매일지와 매매 영상 복기 덕분에 지금의 성장을 이룰 수 있었다.

매매일지
작성법

매매일지를 작성할 때 너무 구체적으로 작성하려고 고생할 필요는 없습니다. 다음의 중요한 내용만 모두 들어간다면 간단하게 작성해도 됩니다.

먼저 종목을 매매한 이유는 필수입니다. 만약 이유를 적을 수 없다면 그 매매는 애초에 잘못된 매매입니다. 그리고 잘한 점과 반성할 점이 있다면 그것도 추가하면 됩니다. 예를 들어 매수는 잘했지만 매도를 원칙대로 하지 않아서 큰 손절을 해야 했다면 그러한 점을 적으면 됩니다. 매매 타점이 나와 있는 차트와 수익, 손실 금액도 함께 첨부하면 나중에 다시 공부할 때 더 도움이 될 것입니다.

매매일지를 작성하는 데 가장 중요한 것은 내용의 양이나 퀄리티가 아닌 꾸준함입니다. 매매일지를 하루, 이틀 작성하고 번거롭다는 이유로 더 이상 쓰지 않는다면 분명히 매매 실력도 늘지 않을 것입니다.

그림 3-33. 매매일지 작성법 1.
종목을 매매한 이유를 쓴다

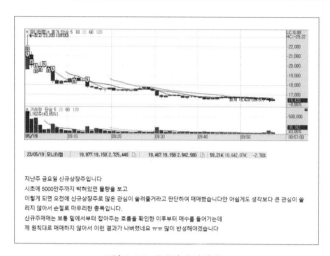

지난주 금요일 신규상장주입니다

시초에 5000만주까지 박혀있던 물량을 보고

이렇게 되면 오전에 신규상장주로 많은 관심이 쏠려줄거라고 판단하여 매매했습니다만 아쉽게도 생각보다 큰 관심이 쏠리지 않아서 손절로 마무리한 종목입니다.

신규주매매는 보통 밑에서부터 잡아주는 흐름을 확인한 이후부터 매수를 들어가는데

제 원칙대로 매매하지 않아서 이런 결과가 나버렸네요 ㅠㅠ 많이 반성해야겠습니다

그림 3-34. 매매일지 작성법 2.
잘한 점과 잘못한 점을 작성한다

16

트 레 이 더
만 쥬 의
하   루

기상~장 시작 전(8시~8시 59분)

나의 하루는 학교를 다닐 때와 다니지 않을 때, 그리고 시장이 나와
잘 맞을 때와 잘 맞지 않을 때에 따라 크게 차이가 있다. 지금 글을 쓰
고 있는 시점은 방학 중이기도 하고 대학 졸업 후 전업 트레이더로서의
삶을 상상하며, 시장이 잘 맞지 않는 상황에서 주식 트레이딩을 준비하
는 나의 하루를 말씀드리겠다.

나는 트레이더 치고는 늦게 일어나는 편이다. 보통 8시쯤 기상하여
누워서 미국 증시에서 어떤 종목이 오르고 내렸는지 그리고 원자재, 외
환, 코인, 채권 등 세계 시장에 유의미한 변동이 있었는지를 확인한다.

그리고 새벽에 나온 뉴스를 확인한 후 8시 30~40분 사이에 모니터 앞에 앉는다. 그러면 관심 종목 정리는 언제 하느냐고 물어볼 수 있겠지만 대부분의 관심 종목은 이미 전날 밤에 정리해 두기 때문에 오늘 뉴스나 세계 시장을 보고 간단하게 추가로 정리할 것만 하면 5분도 걸리지 않아 매매 준비가 모두 끝난다.

8시 55분까지는 주식 관련 카페나 커뮤니티 등에서 어떤 내용의 얘기가 오고 가는지 등을 가볍게 살펴보고, 장 시작 5분 전부터 예상체결등락률 상위 종목을 살펴보면서 당일 아침에 어떤 종목이나 어느 섹터에 돈이 몰릴 가능성이 큰지 등을 예상해본다. 그리고 장 시작 1~2분 전까지 예상체결등락률 상위와 나의 관심 종목에 있는 종목들의 예상등락률을 보며 어떤 종목에 우선적으로 집중할지 정하고, 호가창에 쭉 나열하면 매매 준비가 끝난다.

장중(9시~15시 30분)

9시가 되면 기준에 맞는 종목을 찾아 매매를 시작한다. 단 한 번의 클릭도 가볍게 하지 않고 신중하게 기다리면서 종목이 나의 기준에 맞는 자리가 나올 때 확실하게 낚아챈다. 그렇게 보통 1시간 정도 집중적으로 매매하면 10시 이후부터는 매매할 게 없는 경우가 많은데, 이럴 때는 시장을 가볍게 관찰하며 다른 일을 하거나 할 일이 없을 때는 게임을 한다.

요즘은 유튜브도 열심히 하고 있기 때문에 10시 이후의 시간대에는 유튜브 편집과 관련된 작업을 주로 하곤 한다. 그리고 12시쯤 점심을 먹는데 모니터 앞에서 시장을 보면서 먹을 때가 많다. 13시부터 15시 30분까지는 다시 종목을 쭉 둘러보며 매매할 종목이 있는지 찾아보고 없으면 마찬가지로 다른 일을 한다.

물론 시장이 나와 잘 맞을 때는 다른 일을 하는 시간 없이 9시부터 장이 끝나는 15시 30분까지 화장실도 거의 가지 않고 폭풍 매매를 하곤 한다. 이런 날에는 점심도 생략하는 경우가 많아서 장이 끝나면 기운이 다 빠져서 아무런 힘도 없이 누워만 있을 정도가 된다.

시간외 단일가(16~18시)

하지만 또 16시부터는 다시 시간외 단일가를 봐야 한다. 시간외 단일가는 16시부터 18시까지 10분에 한 번씩 체결이 이루어지는 거래인데, 여기에서도 종목들이 크게 움직이는 경우가 많아서 매매할 때가 종종 있다. 하지만 이때는 10분에 한 번씩만 거래가 이루어지기 때문에 그 외의 시간에는 내가 오늘 매매한 종목들을 복기하면서 영상을 돌려보고 일지도 쓴다.

그렇게 18시가 되고 시간외 단일가까지 모든 시장이 종료되면 이제야 비로소 모니터 앞에서 일어나 저녁을 챙겨 먹는다. 저녁을 먹을 때는 보통 손실이 나면 손실의 아픔을 달래기 위해 술을 마시고, 수익이

나면 기분이 좋으니 또 술을 마신다. 하루 종일 매매를 한다는 게 생각보다 정신적으로 많이 힘들기 때문에 평일 저녁에는 거의 늘 술과 함께 하곤 한다. 하지만 이후에도 할 일이 많으니 되도록 과하지 않게 하려고 한다.

장 마감 후~취침(19시~익일 1시)

그렇게 19~20시가 되면 다시 모니터 앞에 앉아서 여러 가지 일을 한다. 유튜브 관련 작업을 하거나, 학교에 다닐 때는 과제를 하기도 한다. 책 원고도 이 시간에 썼다.

그렇게 할 일을 다 마치고 23시 30분부터 미국 시장을 지켜보면서 오늘 장중과 시간외에서 움직임이 있었던 특징주 종목들을 살펴보며 관심 종목을 정리한다. 장중에 오랜만에 수급이 들어온 섹터가 있거나, 새로운 테마가 생겼을 경우 그런 종목들 위주로 같은 섹터와 같은 테마별로 나누어 관심 종목에 편입한다. 시간외 단일가에서 움직임을 준 종목들도 마찬가지로 같은 그룹별로 관심 종목에 정리한다. 다음 날 오전에 이 종목들 위주로 지켜보며 거래하기 위해서이다.

이렇게 관심 종목 정리까지 마치면 보통 밤 12시에서 새벽 1시가 된다. 이때부터는 주식과 관련 없는 나의 취미생활을 하고 새벽 2시쯤 잠을 청하며 하루를 마무리한다.

주식을 시작하고 4년이 넘는 시간 동안 만들어온 하루 루틴이다. 하루의 대부분이 주식으로 이루어져 있다. 심지어 주식을 시작한 초반에는 이보다 더 심했다. 그때는 주식에 완전히 미쳐 있었다.

나는 전업 트레이더로 성공하려면 최소한 이 정도는 해야 한다고 생각한다. 그럼에도 불구하고 전업 트레이더 중에는 이보다 더 주식에 미쳐 있음에도 아직 성공하지 못한 분들이 수두룩하다. 전업 트레이더가 얼마나 어려운 일인지 잘 알 수 있다.

혹시 지금 전업 트레이더를 고민하고 있다면 나의 스케줄을 보고, 전업 트레이더의 현실에 대해 다시 한번 생각해봤으면 좋겠다.

17

인 생 의

첫 번째 목표를

이 루 다

내 집을 갖고 싶다는 욕망

어머니는 부동산에 관심이 많으셨고 경매를 비롯한 여러 투자도 하셨는데, 나는 어렸을 때부터 어머니께 늘 그와 관련된 질문들을 하곤 했다. 집을 사야 하는 이유부터 경매와 관련된 어려운 용어들까지 어머니 옆에서 궁금한 게 생길 때마다 이것저것 물어봤고, 어머니는 그런 것들을 자세하게 설명해주셨다. 그러면서 나중에 어른이 돼서 가정을 이루게 된다면 가족이 살 수 있는 집 하나는 꼭 가지고 있어야 한다고 당부하셨다. 그리고 실제로 내 이름으로도 경기도에 아파트를 하나 사놓았다고 하셨다. 그러니 나중에 결혼하게 되면 그 집에 가서 살면 된다고. 나는 신이 나서 어머니께 감사하다고 얘기하고 친구들한테도 내

명의의 아파트가 있다고 자랑하곤 했다.

하지만 집이 망하면서 당연히 그 아파트 또한 넘어가게 되었다. 나는 그런 사실이 매우 힘들었다. 그렇다고 해도 부모님의 힘듦에 비할 바가 못 된다는 것을 너무 잘 알았기에 최대한 그런 티를 내지 않았다. 물론 방황을 조금 하긴 했지만 말이다.

고등학교에 입학하고 처음 집을 떠나 고시원에 살면서 단돈 30만 원이 없어서 쫓겨날 뻔하기도 하고, 아침에 학교 가기 전에 씻고 나가야 하는데 공용 샤워실이 모두 사용 중이어서 씻지도 못하고 학교에 간 적도 있다. 집에서 취미생활은커녕 편히 누울 공간도 없었기 때문에 집을 향한 나의 열망은 계속 커져 갔다. 그렇게 점점 내 인생의 가장 큰 목표는 내 집 마련이 되어갔다.

2023년 6월

2019년 주식을 시작하고 수개월 동안 정말 열심히 매매했고, 운도 따라주어 주식으로 매월 수백, 수천만 원씩 꾸준히 수익을 내기 시작했다. 현금도 천천히 쌓아가면서 이제는 진짜 내 집을 갖고 싶다는 생각을 하게 되었다.

그러나 2022년 말에는 집값이 크게 폭락을 거듭하고 있을 때였다. 당시에 최고 15억 원까지 올랐던 집이 1년도 안 되어 반토막이 났다거나 무리한 대출로 집을 샀던 사람 중에 빚을 갚지 못해 파산하는 사람들이 많아지고 있다는 기사가 매일같이 쏟아졌다. 그래서 집 구매를 망설이고 있었다. 그러다 주식에 대해 나에게 많은 것을 알려주시고 가끔은 밥도 사주시던 좋아하는 트레이더 선배님을 통해서 새로운 인연을 만나게 되었다.

이분은 선배님의 스승님이라고 하셨는데 주식을 하신 지 17년이 넘었고, 내가 중·고등학교에 다닐 때부터 주식 쪽에서 엄청 유명하셨다고 했다. 그만큼 실력도 대단하고 경험도 풍부한 분이셨는데, 그 선배님께 어쩌다 내년에 집을 살지 전세 계약을 연장할지 고민 중이라는 말씀을 드리게 되었다. 선배님께서는 자신의 경험담을 이야기해주시면서 많은 조언을 해주셨다. 들으면 들을수록 주식뿐만 아니라 부동산이나 다른 투자 쪽으로도 정말 대단하고 배울 점이 많은 분이라는 게 느껴졌다. 그렇게 나는 집을 사는 쪽으로 생각이 기울었다.

하지만 막상 집을 사려고 하니 알아봐야 할 게 정말 많았다. 지역부터 아파트를 살지, 빌라나 오피스텔을 살지도 정해야 하고, 집집마다의 입지와 편의시설 등을 보고, 평수는 어떻게 할지, 예산은 어떻게 짤지 등 24살의 대학생이 알아보기에는 쉽지 않은 것들이 많았다.

심지어 혼자 부동산에 찾아가서 집을 살 생각이다, 청라에 30평이 넘는 아파트를 알아보고 있다고 얘기하면 미묘하게 귀찮은 티를 낸다거나 은연중에 무시하는 중개인분들도 계셨다. 사실 누가 봐도 대학생으로 보이는 어린 학생이 와서 7억 원이 넘는 집을 알아보고 있다고 하면 내가 생각해도 이상하긴 할 것이다. 그래도 나는 정말 집을 사려고 하는데 궁금한 점을 여쭤봐도 자세히 알려주지 않고, 집도 잘 안 보여주는 게 느껴져서 혼자 알아보느라 정말 힘들었다. 그때 선배님께서 내 일처럼 나서서 많이 도와주셨다.

집을 사려고 마음을 먹었을 때부터 몇 개월간 유튜브와 책을 통해 집을 살 때의 팁이나 주의해야 할 점 등을 공부했다. 하지만 그런 데서는 배울 수 없는, 정말 싸게 살 수 있는 방법을 그분께 배웠다. 선배님은 먼저 집을 팔려고 하는 매도자의 심리를 분석하면서 처음 제시했던 가격보다 더 싼 가격을 제시하고, 그 가격이면 바로 계약을 진행하겠다고 통보하면 아마 받아줄 것 같다는 말씀을 하셨다. 나는 정말 그래도 되나 싶었지만 선배님의 실력과 경험을 믿고 그렇게 얘기해봤다.

"6억 8,000만 원에 계약하겠습니다."
참고로 이 집은 7억 2,000만 원에 나와 있었고, 집주인분께 7억 원까지는 해줄 수도 있다고 전달받은 상태였다.
"음… 그 정도로 싸게는 어려울 거 같은데 일단 집주인분께 한번 여쭤보겠습니다."

사실 큰 기대는 하지 않았다. 7억 원이어도 주변 시세에 비해 충분히 싼 가격이어서 그 가격에도 계약할 생각이었다. 그리고 이 가격에서 2,000만 원이나 더 깎는 건 힘들 거라고도 생각했다. 하지만 이는 세상 경험이 너무나도 부족한 어린아이의 생각이었다.

"집주인분과 통화했고 입주날까지 관리비만 대신 납부해주는 조건으로 계약하기로 하셨습니다. 괜찮으시죠?"

"네, 좋습니다! 그럼 계약날 뵙겠습니다!"

2023년 6월, 드디어 나의 이름으로 된 아파트를 갖게 되었다.

RULES OF

주식에서 이기는 법

DAY TRADING

18

내 가 매 일
출 금 하 는
이   유

자만은 깡통을 부른다

HTS를 이용해 본격적으로 매매를 시작한 지 3일 만에 20만 원이라는 수익을 냈는데, 이것은 나에게 엄청난 독이 됐다. 수익은 늘 자만을 몰고 다니기 때문이다. 그리고 자만은 결국 트레이더를 몰락시킨다.

주식시장에서 가장 위험한 순간은 큰돈을 잃었을 때가 아니다. 바로 겸손함을 잃는 순간이다. 매일 큰 수익을 내는 트레이더라도 수익에 취해 자만하여 겸손함을 잃는 순간, 그 트레이더는 머지않아 무너지게 될 것이다. 이유는 간단하다. 시장은 늘 변하기 때문이다. 지수가 계속 상승하거나 거래대금이 잘 터지는 좋은 시장에서 매일 1,000만 원씩 수익을 냈다고 해도 거래대금이 메마르거나, 지수가 계속해서 빠지는 하락장이 오면 절대로 그만큼의 수익을 낼 수 없다. 아니, 손실이나 안 보면 다행이다.

여기에서 겸손한 트레이더와 자만한 트레이더의 차이가 나온다. 겸손한 트레이더는 좋은 시장에서 매일 1,000만 원씩 벌었던 것을 대부분 출금해 놓은 뒤 나쁜 시장에서는 매일 100만 원 정도로 수익금액을 낮추거나, 잃지 않는 것을 목표로 한다. 그렇게 하지 않으면 좋은 시장에서 수익 낸 것 이상을 날리게 될 것임을 알기 때문이다. 반대로 자만한 트레이더는 좋은 시장에서 매일 1,000만 원씩 벌던 것만 기억하며 나쁜 시장에서도 똑같이 1,000만 원을 벌려고 한다. 하지만 그게 가능할 리 없다. 나쁜 시장에서는 어떤 매매에서든 수익을 낼 확률이 현저하게 떨어지기 때문에 기대수익 또한 떨어질 것이다. 그런 상황에서 좋은 시장에서 했던 것과 똑같이 크게 베팅하고 자주 매매한다면 매일 1,000만 원을 버는 게 아니라 매일 2,000만 원을 잃게 될 것이다.

나도 주식투자를 처음 시작하고 며칠 동안 연이어 수익을 냈던 것이 나를 자만하게 만들었다. 그리고 그것이 곧바로 이어진 폭락장에서 2주도 안 되어 깡통을 차게 했다. 물론 그때의 수익금과 손실금은 지금 나에게는 매우 적은 금액이지만 그건 중요하지 않다. 진짜 중요한 것은 내가 그 3일 동안 수익을 낸 20만 원과 2주 만에 날린 200만 원에서 어떤 점을 배웠냐이다. 그리고 그 점이 내가 이후로도 날릴 뻔한 수천만 원, 수억 원을 지켜줬다는 것이다.

가장 현명한 선택

2022년 2월, 러시아-우크라이나 전쟁이 터졌을 때 유가가 급등하고 세계 시장이 발작했다. 이 대형 사태는 당연히 우리나라 시장에도 큰 영향을 미쳤다. 지수가 대거 빠지면서 종목 대부분이 크게 하락했다. 하지만 그 와중에 돈이 몰리는 종목들이 있었다. 바로 테마주였다. 그때 당시 전쟁 관련주라고 해서 석유, 천연가스, 무기, 식품 등의 분야에 여러 관련주가 생겼고 이 주식들이 모여 전쟁 테마를 이뤘다. 그리고 이는 전쟁이라는 세계적인 이슈로 생성된 만큼 정말 크고 강하게 테마를 이뤘다.

나는 이렇게 큰 이슈로 형성된 강한 테마에서 매매하는 것을 선호했기 때문에 당시에도 큰 비중으로 매우 열심히 매매했다. 전쟁 테마주가 가장 강력하게 움직여줬던 2월부터 4월까지 3개월 동안 밥도 먹지 않고 화장실도 거의 가지 않으며 9시부터 18시까지 모니터 앞에 앉아 하루 종일 매매한 결과, 3개월 만에 3억 원이 넘는 큰 수익을 냈다.

이전에 월평균 수익이 2,000만~3,000만 원이었던 것을 생각하면 정말 엄청난 결과였다. 하지만 테마주는 절대 영원할 수 없다. 4월이 지나고 5월이 오자 테마의 힘이 점점 약해지면서 시장에 넘쳐나던 거래대금도 조금씩 메말라가기 시작했다.

일자	예탁자산	유가증권 평가금	매수금 매도금			수수료 +세금	연체/ 신용이자	손익	수익률 (%)	누적손익 (손익합계)	배당금액
2022/04/07	254,726,353	112,974,400	12,452,868,371 12,448,891,481	0 0 0 0		31,866,707	0	23,370,423	10.10	261,046,060	0
2022/04/06	231,355,930	53,760,380	8,837,805,280 8,885,900,492	0 0 0 0		22,738,548	0	19,082,129	8.99	237,675,637	0
2022/04/05	212,273,801	60,034,915	10,158,510,104 10,296,637,038	0 0 0 0		26,338,458	0	26,747,805	14.42	218,593,508	0
2022/04/04	185,525,996	145,075,586	2,032,937,112 1,959,739,777	0 0 0 0		5,025,285	0	18,933,196	11.36	191,845,703	0
2022/04/01	166,592,800	47,919,770	1,613,934,513 1,581,971,381	0 0 0 0		4,053,001	0	1,807,437	1.10	172,912,507	0
2022/03/31	164,785,363	10,096,200	2,826,575,035 2,850,172,410	0 0 0 0		7,292,005	0	4,495,350	2.80	171,105,070	0
2022/03/30	160,290,013	21,906,220	1,924,742,570 1,945,626,880	0 0 0 0		4,977,023	0	3,670,957	2.34	166,609,720	0
2022/03/29	156,619,056	34,142,550	5,004,719,220 5,027,312,770	0 0 0 0		12,865,497	0	17,229,043	12.36	162,938,763	0

그림 4-1. 2022년 3~4월간 수익률

나는 한 달이 넘는 기간 동안에 단 한 번의 손실 없이 하루 평균 1,000만 원 정도의 수익을 내고 있었다. 그러다가 테마가 약해지면서 시장이 점점 안 좋아지기 시작했는데, 처음에는 그런 점을 알아차리지 못하고 계속 똑같은 비중으로 크게 베팅했다.

그러던 어느 날 주식들의 힘이 갑작스럽게 약해진 것을 느꼈다. 평소였다면 순식간에 위로 치고 올라갈 만한 자리에서 올라가는 듯하다 바로 고꾸라지는 일이 허다했다. 그러나 나는 그런 비정상적인 현상을 느꼈음에도 불구하고 그것을 바로 인정하지 못하고 계속 뇌동 매매를 하다가 결국 5거래일 동안 총 3,000만 원이 넘는 손실을 보게 된다.

그림 4-2. 2022년 5월 수익률

그렇게 5일째 되던 날 장이 끝나고 나서야 지금 이 상황은 뭔가 문제가 있다고 생각하여 최근 손실 봤던 날 매매했던 영상들을 다시 돌려봤다. 그랬더니 역시 종목들의 힘이 3~4월에 비해 급격하게 약해진 것이 확실히 느껴졌다. 그리고 거래대금도 많이 줄어든 것을 확인했다. 이때 나는 주식 인생에서 가장 현명한 선택을 하게 된다. 바로 꾸준한 수익으로 크게 늘어났던 예수금의 대부분을 출금한 것이다.

매수합계		249,490,759,704	입금합계			61,922,646
매도합계		250,449,248,795	출금합계			397,208,203
월		입금 / 입고	출금 / 출고	손익	수익률 (%)	누적손익 (손익합계)
2022/05		55,422,646 / 0	158,468,203 / 0	-18,624,479	-22.66	337,452,166
2022/04		0 / 360,600	212,740,000 / 0	196,718,636	284.60	356,076,645
2022/03		6,500,000 / 0	26,000,000 / 0	106,094,641	159.17	159,358,009
2022/02		0 / 0	0 / 0	53,263,368	214.68	53,263,368

그림 4-3. 2022년 5월 예수금의 대부분을 출금하다

이전부터 나는 수익금을 거의 매일 출금하고 있었다. 하지만 이때는 키움증권 실전투자대회에 참가했기에 대회 기간 동안에는 수익금을 출금하지 않았다. 4월 초 대회가 끝났지만 시장이 너무 좋았고, 계속해서 큰 수익을 내고 있었기에 출금하는 것을 잠시 소홀히 한 것이다. 그런 꾸준한 수익은 나에게 자만이라는 독을 안겨줬고, 결국 5일간 3,000만 원이 넘는 손실을 맞게 되었다.

하지만 이때 내가 3,000만 원이라는 손실을 메꾸겠다고 2억 5,000만 원이 넘는 시드로 3, 4월에 했던 무리한 매매를 계속 이어갔다면 분명히 3개월 만에 벌었던 3억 원을 몽땅 잃었거나, 어쩌면 그 이상을 날렸을지도 모른다.

실제로 4월 말과 5월에 나는 2억 5,000만 원까지 불었던 시드의 대부분을 출금하여 5,000만 원까지 줄였다. 그리고 그해 5월부터 12월까지 매월 평균 수백만 원씩 손실을 보며 한 해를 마무리했다. 하지만 수익금 대부분을 출금했기 때문에 수백만 원에서 그쳤던 것이지, 만약 출금하지 않고 그대로 쭉 매매했다면… 정말 상상만 해도 아찔하다. 시장을 무시하고 출금도 하지 않은 채 매매하다가 날렸던 200만 원의 수업료가 수억 원의 손실을 막아준 것이다.

이러한 경험 때문에 주식을 시작하는 분들에게 꼭 적은 돈으로 시작할 것을 계속 강조한다. 그리고 초반에 손실을 보더라도 손실액만을 생각하며 스트레스받는 것보다 그 손실을 통해 어떤 점을 배울 수 있는지 한 번이라도 더 고민해봤으면 좋겠다.

주식은 마라톤이다

수익금을 출금하는 것은 리스크 관리의 이유도 있지만 심리적인 부분에서도 큰 도움이 된다. 적게는 몇만 원, 많게는 수백만 원씩 수익을 내고 그 수익을 출금하다 보면 계좌에 현금이 쌓이게 된다. 이는 심리적인 안정감을 주어 매매가 잘 안 풀리더라도 멘탈이 흔들리지 않게 잡아준다.

이렇게 하다 보면 심리가 무너져서 평소 안 하던 매매를 한다거나, 정해진 원칙을 지키지 않는 등의 실수를 하는 경우가 줄어들어 승률이 점점 높아진다. 손익비가 좋아지고 자신감도 생기면 확률이 높다고 생각하는 자리에서 베팅하는 금액도 더 커지게 된다. 그렇게 그릇을 키우면서 더 큰 트레이더가 되는 것이다. 그러니 큰 트레이더가 되고 싶다면 수익금 출금은 필수이다.

물론 출금하지 않고 복리의 힘으로 더 빨리 올라가고 싶다는 마음을 가질 수도 있다. 하지만 그렇게 되면 리스크를 키울뿐더러 수년간 쌓아왔던 것을 한 달 만에 무너뜨리는 일이 생길 수도 있다. 나도 그런 사례를 많이 들어왔고, 실제로 매매를 정말 잘하던 트레이더가 딱 한 달 매매를 잘못하여 수년간 벌었던 자산을 모두 날리는 경우도 봤다. 그래서 나는 리스크를 감수하고 출금 없이 빠르게 올라가는 길보다 지속적으로 출금하여 리스크는 줄이고 손익비를 높이는, 느리지만 안정적인 길을 걸어가고 있다. 주식은 1~2년의 짧은 싸움이 아닌 10~20년 혹은 그 이상의 긴 싸움이기 때문이다.

만쥬의 비법 노트

시드는
어떻게 늘려야 할까

시드를 늘려가는 데 있어서 어떻게 하는 것이 정답인지는 저도 잘 모르겠습니다. 하지만 저는 이렇게 했다는 것은 말씀드릴 수 있습니다. 우선 수익이 조금 나기 시작했다고 추가적으로 돈을 넣어서 시드를 늘리지 않았습니다. 이유는 간단합니다. 넣을 돈이 없었기 때문입니다.

2020년 5월, 연이은 깡통으로 처음 주식을 시작했던 100만 원은 진작에 잃어버리고 친구에게 빌린 돈과 은행에서 받은 카드론 등으로 빚이 1,500만 원 가까이 되었습니다. 그때쯤 저는 마지막이라고 생각하고 계좌에 남은 50만 원으로 매매했습니다.

그러다 조금씩 수익이 나기 시작했고, 앞에서의 실수를 되풀이하지 않기 위해 수익금의 대부분을 출금했습니다. 수익이 꾸준히 나고 시장에 자신감이 생기면서부터는 수익의 일부를 남기면서 시드를 조금씩 늘렸다가, 또 시드가 너무 커져서 겁이 난다 싶을 때는 다시 조금 줄이는 식으로 반복하며 점차 그릇을 키워 나갔습니다.

월	월말예탁자산	유가증권평가금액 월말현금잔고	매수금 매도금	입금 입고	출금 출고	수수료+세금 연체/신용이자	투자팔장	손익	수익율 (%)	누적손익 (손익합계)	배당금
2020/08	2,505,507	1,973,220	4,104,564,962	590,139	5,125,431	11,468,389	294,434	4,634,637	1,574.08	9,270,724	0
		532,287	4,120,374,206	0	0	11,158					
2020/07	2,406,162	1,668,300	1,555,166,486	3,000,000	4,999,026	4,038,663	2,497,864	1,506,388	60.31	4,636,087	0
		1,417,862	1,564,412,277	0	0	16,250					
2020/06	2,898,736	5,352,790	606,020,321	4,229,005	4,636,639	1,514,477	1,049,396	2,543,837	242.41	3,129,699	0
		-2,454,054	606,761,303	0	0	35,438					
2020/05	750,662	2,000,020	408,102,869	3,138,000	3,718,047	917,247	947,686	585,862	61.82	585,862	0
		-1,249,358	410,345,184	0	0	15,786					

그림 4-4. 2020년 5~8월까지 예수금, 200만 원 중반 정도로 유지하고 있다

　　그렇게 출금한 돈으로 급한 빚을 갚고 생활에 안정감이 생기면서 매매도 안정화되기 시작했습니다. 그리고 2020년 10월 저의 가능성을 시험해보기 위해 실전투자대회에 시드 100만 원을 들고 참가했습니다. 이때는 이 100만 원을 모두 잃을 각오로 출금 없이 매매를 이어나갔습니다. 그리고 운 좋게도 저와 잘 맞는 좋은 시장이 계속된 덕분에 2개월 만에 2,600만 원의 수익을 냈습니다. 이때 저의 그릇은 단번에 커졌고, 이를 계기로 시드를 2,000만 원까지 늘렸습니다.

그림 4-5. 100리그 입상 후 2,000만 원까지 불어난 예수금

월	월말예탁자산 / 유가증권평가금 월말현금잔고	매수금 매도금	입금 입고	출금 출고	수수료+세금 연체/신용이자	투자잔차	순익	수익률(%)	누적순익(순익합계)	배당금
2020/11	20,155,265 / 17,664,500 2,490,785	16,281,077,614 16,329,138,360	700,000 0	7,900,000 0	44,515,117 7,899	7,175,055	19,462,230	271.25	30,590,819	0
2020/10	7,815,055 / 1,740,000 6,075,055	5,388,996,279 5,408,815,364	0 0	0 0	14,739,162 13,212	1,008,050	6,806,711	675.24	11,128,589	0
2020/09	1,008,050 / 0	5,100,737,885	2,095,229	7,914,564	14,063,484	1,219,000	4,321,878	354.54	4,321,878	0

매수합계 26,770,811,778 입금합계 2,795,229 입고합계 — 수수료+세금 합계 73,317,763
매도합계 26,859,068,057 출금합계 15,814,564 출고합계 — 연체/신용이자 합계 38,977

이후에도 2020년 12월부터 2021년 6월까지 수익금의 대부분을 출금하면서 시드를 한 번에 늘리지는 않았습니다. 그마저도 꾸준한 수익을 내다가 단 한 번 작은 손실을 본 2021년 7월과, 손실은 아니지만 계속해서 매매가 잘 풀리지 않았던 8월에도 다시 한번 시드를 줄였습니다.

월	월말예탁자산 / 유가증권평가금 월말현금잔고	매수금 매도금	입금 입고	출금 출고	수수료+세금 연체/신용이자	투자잔차	순익	수익률(%)	누적순익(순익합계)	배당금
2021/08	30,064,011 / 25,648,510 4,415,501	11,352,576,913 11,412,566,049	0 0	15,530,000 0	29,201,012 72,267	37,614,822	2,370,157	6.30	221,303,121	0
2021/07	43,223,854 / 53,994,210 -10,770,356	16,409,850,137 16,415,395,648	0 0	8,000,000 0	42,008,417 71,016	52,579,297	-3,933,647	-7.48	218,932,964	124,170
2021/06	54,979,297 / 21,393,935 33,585,362	23,646,178,018 23,746,979,548	0 0	43,715,002 0	60,782,505 6,549	14,353,875	46,117,301	395.22	222,866,611	0
2021/05	50,032,558 / 13,309,050 36,723,508	14,937,474,253 15,092,780,484	4,200,500 10,080,000	34,817,813 10,080,000	36,740,542 24,609	37,077,829	33,837,730	91.26	176,749,310	119,490
2021/04	46,612,141 / 96,012,400 -49,200,259	22,668,990,756 22,862,092,856	0 0	34,930,000 0	59,422,429 34,226	34,273,099	29,597,845	86.36	140,911,580	0
2021/03	52,013,432 / 0 52,013,432	18,847,648,687 18,932,952,473	514,600 1,489,800	21,615,508 535,500	49,196,895 3,119	52,634,312	16,868,082	32.05	111,313,735	0
2021/02	55,291,958 / 18,281,390 37,010,568	11,674,260,201 11,755,758,785	16,700,000 1,404,360	20,851,100 0	30,404,567 13,779	27,388,318	26,847,448	98.03	94,445,653	0
2021/01	31,191,250 / 41,089,600 -9,898,550	24,376,135,795 24,437,069,952	0 0	31,872,532 0	63,509,567 6,222	17,822,454	34,200,118	191.89	67,598,205	0
2020/12	28,860,237 / 4,308,050 24,552,187	20,981,940,732 21,085,882,421	5,499,500 0	30,192,635 0	57,169,529 17,623	7,222,460	33,398,087	462.42	33,398,087	0

매수합계 165,095,075,552 입금합계 26,914,600 입고합계 — 수수료+세금 합계 430,415,463
매도합계 165,741,418,196 출금합계 241,524,590 출고합계 — 연체/신용이자 합계 249,410

그림 4-6. 2020년 12월 ~ 2021년 8월 예수금 내역

이전에 벌었던 것에 비하면 매우 작은 손실인데 왜 그렇게 겁을 먹고 시드를 줄였는지 의아해할 수도 있을 것 같습니다. 하지만 저는 이전 수익에 취해 있으면 어떤 경험을 하게 되는지 뼈저리게 느낀 적이 있었습니다. 그리고 다시는 그런 경험을 반복하기 싫었기 때문에 이렇게 행동했습니다.

5,000만 원이었던 시드를 당장 3,000만 원으로 줄인다고 해서 수익을 못 내는 것도 아니고, 수익을 낼 수 있는 금액은 줄겠지만 그보다 중요한 것은 꾸준하게 수익을 내는 것이기 때문입니다. 이후에도 줄여 놓은 시드로 적당한 수익에 만족하며 함부로 시드를 늘리지 않았습니다.

2022년 2~4월의 엄청난 불장에서의 매매로 시드가 크게 늘어났던 순간, 자만의 길로 빠질 뻔했습니다. 하지만 며칠 만에 수천만 원의 손실을 맞으면서 빠르게 정신을 차린 덕분에 다시 한번 시드를 줄이는 올바른 행동을 할 수 있었습니다.

월	월말예탁자산	유가증권평가금 월말현금잔고	매수금 매도금	입금 입고	출금 출고	수수료·세금 연체/신용이자	투자월잔	손익	수익률 (%)	누적손익 (손익합계)	배당금
2022/05	28,382,560	36,740,160	69,366,906,231	55,422,646	158,468,203	175,025,903	82,197,776	-18,624,479	-22.66	426,568,622	0
		-10,357,600	69,497,065,803	0	0	139,258					
2022/04	150,052,596	12,379,050	107,559,102,234	0	212,740,000	273,713,133	69,120,701	196,718,636	264.60	445,193,101	756,940
		137,673,546	108,027,614,215	360,600	0	2,462					
2022/03	164,785,363	10,096,200	52,934,925,462	6,500,000	26,000,000	136,171,442	66,654,367	106,094,641	159.17	248,474,465	0
		154,689,163	53,216,336,115	0	0	0					
2022/02	78,073,722	49,240,770	19,629,825,777	0	0	50,430,220	24,810,354	53,263,368	214.68	142,379,824	0
		28,832,952	19,706,212,662	0	0	103,237					
2022/01	24,810,354	23,830,830	24,530,936,404	13,689,604	40,100,000	62,946,956	26,852,462	11,747,061	43.75	89,116,456	0
		979,524	24,598,285,362	0	0	267,281					
2021/12	39,466,889	16,218,490	23,189,062,347	20,300,000	40,300,000	59,319,280	23,136,738	19,366,818	83.71	77,369,395	0
		23,248,399	23,251,610,946	0	0	80,991					
2021/11	40,140,071	0	29,313,570,138	0	12,700,000	75,231,453	21,240,534	23,688,870	111.53	58,002,577	0
		40,140,071	29,412,558,993	0	0	68,532					
2021/10	28,917,201	0	14,081,846,293	0	22,629,000	36,211,230	23,301,226	11,463,561	49.20	34,313,707	0
		28,917,201	14,153,162,543	0	0	12,076					
2021/09	40,074,157	23,629,375	6,921,341,335	0	12,840,000	17,816,731	24,217,011	22,850,146	94.36	22,850,146	0
		16,444,782	6,964,033,240	0	0	0					

그림 4-7. 2021년 9월~2022년 5월 예수금 내역

주식시장에서는 기회가 왔을 때는 리스크를 감수하고 승부를 걸 수 있는 과감함도 필요합니다. 하지만 위기가 왔을 때는 그것을 인정하고 한 발 뒤로 물러설 수 있는 겸손함도 필수입니다. 저도 시장이 주는 수익에 취해 자만하지 않도록 매일매일 마음을 다잡고 있습니다. 지금도 큰 손실이 났을 때는 추가 입금보다는 출금하는 습관을 유지하고 있습니다.

19

3,000만 원
짜리
가출

주식은 8할이 심리다

"주식을 할 때 기술적인 부분과 심리적인 부분 중 어떤 부분이 수익을 내는 데 더 크게 작용하나요?"

주식으로 어느 정도 유명해지고부터 자주 들었던 질문이다. 이럴 때 나는 1초의 고민도 없이 늘 심리적인 부분이라고 답한다. 심지어 비율로 따지자면 10 중에서 기술이 2, 심리가 3 정도로 심리적인 부분을 훨씬 중요하게 생각한다. 가장 비율이 높은 5는 시장이다. 이는 뒤에서 자세히 다루도록 하겠다.

기술적인 영역보다 심리적인 영역이 더 중요하다고 생각하게 된 데에는 여러 가지 계기가 있었다. 먼저 앞에서 얘기했던 것처럼 출금을 꾸준히 하여 통장에 현금이 쌓이는 것을 보면서 매매가 더 안정되었던 점도 있다. 고시원이나 반지하 단칸방에서 살다가 처음 제대로 된 오피스텔 전셋집에 들어간 이후, 그리고 내 명의의 아파트를 사서 이사한 후 계좌의 수익금이 확연히 늘어나고, 더 안정됐다는 점에서도 그랬다. 그리고 결정적으로는 여러 이유로 심리가 무너졌을 때의 손실 경험이 가장 컸다.

2022년 4월이었다. 이때 나는 내가 자신 있어 하는 테마주 매매를 하기에 정말 좋은 시장을 만나서 물 만난 물고기처럼 엄청난 활약을 하고 있었다. 한 달 중 하루도 빠짐없이 매일 수백만 원에서 많으면 2,000만 원까지 수익을 내고 있었으니, 그때 당시의 자신감은 하늘을 뚫을 지경이었다.

그러다가 이틀 동안 큰 손실을 본 날이 생겼다. 금요일과 월요일이었는데, 정확히는 목요일 밤부터 월요일 밤까지 나에게 심리적으로 안 좋은 일이 생겼을 때였다. 심지어 주식과는 전혀 관련도 없었던 일이었다.

내가 심리를 강조하는 이유

나는 봉사활동을 다니던 보호소에서 만난 강아지 한 마리를 임시보호하고 있었다. 이름은 모카였는데 사람에 대한 안 좋은 경험이 있는

지 사람을 엄청 무서워했고 겁이 많은 아이였다. 목요일 저녁, 모카를 미용시키고 돌아오는 길이었다. 하루 종일 비가 오다가 그쳐서 평소에 비해 조금 쌀쌀했다. 집에 거의 다 왔을 때 모카가 집 앞에서 갑자기 튀어나온 사람들 때문에 놀라서 이리저리 다니며 안절부절못하고 있었다. 진정시키기 위해 목줄을 잡고 가까이 다가가려 했는데 갑자기 목줄이 툭하고 벗겨져 버렸다. 순간 놀란 모카는 그대로 나의 반대편으로 달려가 버렸고, 평범한 사람인 나는 놀라서 전력 질주하는 강아지를 도저히 따라잡을 수 없었다.

그날 밤 급히 전단지를 인쇄하여 동네 여기저기에 붙여놓고 들어왔지만 마음이 너무나도 불편했다. 심지어 그날따라 날씨도 너무 쌀쌀했는데 하필 털까지 짧게 깎아서 어디서 추위에 떨고 있진 않을지 너무 걱정됐다. 제대로 잠도 자지 못했다. 다음 날 아침, 아직 모카를 봤다는 연락은 없었지만 일은 해야 했다. 보유 중이던 주식도 많이 있었기에 일단 아침에 주식을 매매했다. 하지만 머릿속에 모카에 대한 걱정뿐이었고, 목줄을 제대로 채우지 않았다는 자책이 내 심리를 무너뜨리고 있었다. 그로 인해 평소와 다른 매매가 이어졌다.

평소에는 빠르게 손절할 자리에서 멍하니 있다가 제대로 손절하지 못하여 손실 금액이 크게 불어나면서 점점 더 멘탈이 무너졌다. 그리고 나는 마치 주식에게 화풀이하듯 평소에 하지 않던 뇌동 매매를 마구잡이로 발산했다.

결국 이날 오전 2시간 만에 무려 2,000만 원에 가까운 손실을 냈다.

이전까지 한 달이 넘는 기간 동안 단 하루도 손실을 보지 않았는데 말이다.

다음 거래일에도 이와 비슷한 매매가 이어졌는데 이때의 손실 금액만 3,000만 원에 가까웠다. 하지만 이날 오후 결정적인 제보를 받아 동물 구조팀의 도움으로 모카를 구조하는 데 성공하면서 나의 무너졌던 심리가 회복되었다. 그리고 다음 날부터 거짓말처럼 다시 수익이 나기 시작했다.

참 신기한 일이었다. 내 일상에서 일어난 일이 매매에 이렇게 큰 영향을 준다니. 그날 이후로 일상에서 좋지 않은 일이 있어서 심리가 많이 흔들리는 날에는 매매를 조심하거나, 매매를 하지 않는 습관이 생겼다. 그런 날에 매매하는 게 얼마나 위험한 일인지 수천만 원의 수업료를 내며 겪었기 때문이다.

일 자	예...	유가증권	매수금 / 매도금	입금 입고	출금 출고	수수료 +세금	연체 / 신용이자	손익	수익률 (%)	누적손익 (손익합계)	배당금액
2022/04/07	6,353	4,400	12,452,868,371 / 12,448,891,481	0 0	0 0	31,866,707	0	23,370,423	10.10	261,046,060	0
2022/04/06	5,930	0,380	8,837,805,280 / 8,885,900,492	0 0	0 0	22,738,548	0	19,082,129	8.99	237,675,637	0
2022/04/05	3,801	4,915	10,158,510,104 / 10,296,637,038	0 0	0 0	26,338,458	0	26,747,805	14.42	218,593,508	0
2022/04/04	5,996	5,586	2,032,937,112 / 1,959,739,777	0 0	0 0	5,025,295	0	18,933,196	11.36	191,845,703	0
2022/04/01	2,800	9,770	1,613,934,513 / 1,581,971,381	0 0	0 0	4,053,001	0	1,807,437	1.10	172,912,507	0
2022/03/31	5,363	6,200	2,826,575,035 / 2,850,172,410	0 0	0 0	7,292,005	0	4,495,350	2.80	171,105,070	0
2022/03/30	0,013	6,220	1,924,742,570 / 1,945,626,880	0 0	0 0	4,977,023	0	3,670,957	2.34	166,609,720	0
2022/03/29	9,056	2,550	5,004,719,220 / 5,027,312,770	0 0	0 0	12,865,497	0	17,229,014	12.36	162,938,763	0

그림 4-8. 모카가 가출하기 전 일별 수익내역

**그림 4-9. 모카의 가출 후 일별 수익내역,
모카의 가출 기간은 4월 7일 저녁부터 11일 저녁까지다**

그래서 늘 기술적인 부분보다 심리적인 부분을 더 강조하고, 초보 트레이더분들에게도 심리적인 안정감을 먼저 확보하라고 얘기하는 것이다.

멘탈 관리가 곧 리스크 관리

내가 절대로 하지 말라고 하는 것 중 하나가 바로 빚을 내서 투자하는 것이다. 심지어 고정수입이 없는 상황에서 빚까지 내어 투자하는 것은 심리적인 부분에서 완전히 지고 시작하는 싸움이다. 이런 싸움에서 이길 가능성은 더 희박해진다. 이렇게 매매하면 손실이 발생했을 때 원칙대로라면 빠르게 손실 확정을 짓고 다음 매매로 넘어가면 될 것을 이 손실을 확정지었을 때 갚아야 하는 대출금을 생각하고, 고정수입이 없으니 이번 달 나가야 될 생계비도 생각하면서 손절을 미루게 된다. 결국 손실은 더욱 불어나고, 다른 종목을 매매할 수 있는 기회도 놓치게 된다. 이는 다시 멘탈과 심리에 악영향을 주고, 이런 악순환의 반복은 점차 사람을 완전히 무너뜨린다.

이 정도로 최악의 상황까지 오면 웬만해서는 이런 상황을 뒤집을 수 없다. 그러니 애초에 이런 상황을 만들지 않기 위해 처음 시작할 때 노동수익으로도 감당할 수 있는 적은 액수로 시작하기를 권유하는 것이다. 이후에도 본인의 그릇보다 큰 금액으로 매매하지 말고, 대출받아 매매하는 것은 절대 하지 말라고 얘기한다. 또한 아직 매매 수익이 안정적이지 않다면 직장을 다니거나 저녁에 아르바이트를 하여 주식으로 손실이 나도 생활할 수 있을 정도의 고정수입은 꼭 마련하라고 강조한다.

트레이더는 매매만 잘한다고 해서 절대 살아남을 수 없다. 주위에서 만나본 10년 이상 수익을 내며 살아남은 선배 트레이더들은 매매만 잘하는 것이 아니라 리스크 관리의 달인이었다. 꾸준히 출금하는 것은 기본이고, 심리적 안정을 위해 출금한 돈으로 집이나 땅 같은 부동산이나 시계, 자동차 같은 현금화가 가능한 자산 등으로 빼놓기도 한다. 그리고 파킹 통장이나 CMA 통장에 예수금 이상의 현금을 넣어 놓음으로써 매일 이자를 받는 동시에 혹시나 큰 손실이 발생해도 다시 예수금을 채워 넣을 수 있도록 하여 더더욱 안정적인 매매를 추구했다.

트레이딩을 할 때 기술적인 부분도 물론 중요하다. 하지만 2~3년 정도 넘게 트레이딩을 하다 보면 웬만한 기술은 다 알게 될 것이다. 그리고 그에 맞는 자신만의 원칙도 마련될 것이다. 그럼에도 불구하고 수익이 꾸준하지 않거나, 가끔 나는 큰 손실 때문에 월별 계좌가 늘 마이너스라면 혹시 심리적인 부분에서 문제가 있는 것은 아닌지 다시 한번 고민해보시길 바란다.

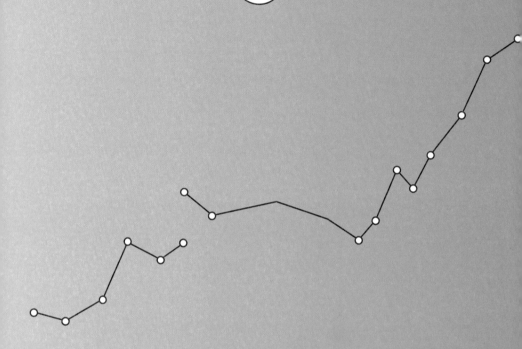

20

버티는 자가
승리한다

대학생 트레이더

나는 지금 전업 트레이더로 활동하고 있지만 동시에 대학생이기도 하다. 그래서 학기 중에는 학교생활을 하며 매매한다. 그래서 많은 분이 나에게 이렇게 생활하면 매매에 지장은 없는지 물어보시곤 한다. 학교생활을 병행한다고 매매 실력이 떨어지는 것은 아니지만, 가끔 심리적인 부분에서 문제가 생기기도 한다.

앞서 얘기했던 많은 매매 중에 나의 주력 매매인 짝꿍 매매는 대장주가 크게 급등하는 찰나에 후속주를 노리는 매매이다. 그렇기 때문에 화면을 잠시 보지 못하거나 집중력이 떨어져 대장주가 크게 급등하는 순간을 놓치면 후속주도 이미 크게 급등해 있는 모습을 보게 된다. 그래서 이 한순간을 놓치지 않기 위해 계속해서 모니터를 보고 집중하고 있어야 하는데 학교에 가야 하는 날에는 모니터를 계속 볼 수 없다. 그러다 보니 짝꿍 매매에서 중요한 자리를 놓치게 되는 경우가 정말 많았다.

그중 정말 아쉬운 경우는 이런 경우이다. 대장주가 상한가에 도달할 듯하고, 후속주들도 같이 올라가려고 준비하고 있다. 그런데 내가 매매하는 동안에는 상한가까지 갈 듯 말 듯하기만 하고 가지 않다가 매매를 마무리하고 학교에 가는 순간, 기다렸다는 듯이 대장주가 상한가로 날아가 버리고 후속주도 5%씩 급등해 버리는 때다.

그럴 때마다 학교에 오지 않고 집에서 이 종목을 매매했다면 얼마나 큰 수익을 냈을까 등의 생각을 하며 극심한 우울감에 빠지곤 했다. 그러다 보니 학교에서도 휴대폰으로 매매할 때가 많아졌다. 물론 짝꿍 매매와 같은 초단타 매매보다 휴대폰으로도 할 수 있는 느린 템포의 매매를 주로 진행했지만 말이다.

5,000만 원짜리 시험

실제로 학교에서 매매했던 종목 중에 악재가 있어서 급락했지만 악재가 해소되었다는 이유로 천천히 잡아갔던 종목이 있다.

SG증권 사태가 있었다. 2023년 4월 24일 월요일, SG증권에서 8개 종목을 순간적으로 대량 매도하여 하한가까지 보내 버리며 그 외의 몇 개 종목도 대량 매도하여 큰 폭으로 주가를 하락시켰다.

그때 함께 하락했던 종목 중 하나가 CJ였는데 이날 하락한 종목 중에 나름 가장 큰 대형주였다. 거래원을 봤을 때 SG증권의 큰 매도세가 멈춘 것을 확인하여 반등이 나올 때 낙주 매매의 관점으로 잡아가던 종목이었다. 학교에서 휴대폰으로 SG증권의 매도가 더 나오진 않는지 실시간으로 확인하면서 분할 매수를 했는데, 문제는 이날이 시험날이었다는 것이다.

10시부터 분할로 잡아가며 매매를 진행했던 이 종목이 시험시간인 13시가 다 되도록 기대했던 큰 반등이 나오지 않아서 매도해야 할지 고민하고 있었다. 그러나 곧 시험이 10~20분 내로 끝날 거라는 얘기에 '기껏해야 10~20분 동안 무슨 일이 일어나겠어?' 하는 안일한 생각으로 시험을 보러 들어갔다.

시험이 끝나자마자 주식 앱을 켜고 차트를 확인했는데 순간 복도에서 그대로 얼어붙고 말았다. 평가손익에 -4,000만 원이라는 금액이 떠 있는 것이다. 시험을 보기 전까지만 해도 -200만 원 정도였던 손실 금액이 20분도 안 되어서 이렇게 불어나다니….

부랴부랴 정신을 차리고 주가를 확인했더니 내가 산 가격에서 10%가 넘게 급락이 나온 상황이었다. 이유는 처음 우려했던 대로 SG증권의 추가 매도였다. 만약 실시간으로 감시하다가 이를 포착했으면 손실이 훨씬 적었을 것이다. 하지만 이미 주가는 다 내려온 뒤였다. 결국 나는 복도에 우두커니 서서 5,000만 원가량의 손실을 확정지을 수밖에 없었다.

그림 4-10. 2023년 4월 24일 하루 손실액

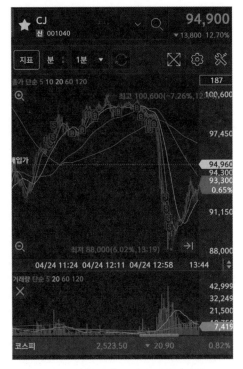

그림 4-11. 4월 24일 CJ 낙주 매매 일지 차트

4월 26일 매매일지 (느긋하게 복구하기)

만쥬 나주다 ⅱ
2023.04.26. 15:20 조회 1.4만

💬 댓글 228 URL 복사 ⋮

안녕하세요~ 만쥬입니당

아시다시피 엊그제 큰 손실이 났었지만
어제 오늘 모두 여유로운 마음을 가지고
천천히 다시 매꿔나가자는 생각으로 매매했습니다

오늘도 마찬가지로 아침에 잠깐 매매하고
11시부터 2시까지는 잠시 할 일이 있어서 아예 hts도 꺼두고
2시부터 다시 매매 하는둥
급하지 않게 천천히 매매를 했는데요

역시 그런 마음으로 매매를 하니 오히려 더 잘 물려서
월요일 큰 손절 난 것도 오늘 하루만에 모두 복구해낼 수 있었습니다

2시에 HTS를 다시 켜고
매매할게 있나 보고있는데
갑자기 미래생명자원에 큰 수급이 몰려오면서
상한가까지 강하게 가주는 모습 보고
후속주 비중 크게 매매했습니다

원래 HTS 그냥 안들어갈까 하다가 2시에 들어온건데
운이 정말 좋았던거같네요 ㅎㅎ

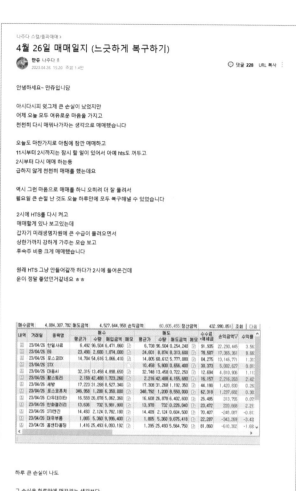

하루 큰 손실이 나도

그 손실을 하루만에 매꾸려는 생각보다
늘 하던대로 매매하자는 생각을 가지고 여유롭게 매매하면

시장은 다시 한번 기회를 주는 것 같습니다

그림 4-12. 4월 24일 큰 손절 후 2일 뒤에 올린 당시 매매일지

이날 얻은 교훈으로 나는 학교에서는 거의 매매하지 않았다. 그리고 학교에 가서 놓친 종목도 최대한 아쉬워하지 않으려고 했다. 이날 저녁에 매매일지를 쓸 때 오늘 있었던 일들과 손실금액 등을 작성하며 다시는 같은 실수를 하지 않겠다고 다짐했다. 이는 멘탈을 다잡고, 결과에 대한 책임은 오롯이 나에게 있으며 내가 극복해야 하는 일임을 다시 한번 상기시키기 위해서였다. 결과적으로 이날 봤던 큰 손실은 일주일도 안 돼서 복구해냈다.

큰 손실을 봤을 때 대응법

1. 매매를 멈춘다

아무리 주식을 잘하는 사람이라도 어쩌다가 한 번씩 멘탈이 크게 흔들릴 정도로 손실을 보는 날이 있을 것이다. 나도 그런 날이 있었다. 그럴 때 어떻게 대응을 하는지가 트레이딩을 할 때 너무나도 중요하다. 큰 손실이 나고 이를 메꾸기 위해 심리가 무너진 상태로 평소와 다르게 무리한 매매를 계속한다면 아무리 꾸준히 좋은 수익을 내던 사람이라고 해도 정말 짧은 시간 안에 그동안 쌓아왔던 수익금을 모두 날려 버릴 수 있다.

그래서 큰 손실을 본 날에는 일단 장중이라도 매매를 멈추고 나가서 산책을 하거나, 좋아하는 취미생활을 해서 분위기를 환기해야 한다. 나는 그걸 리프레시한다고 얘기하는데 최근에는 강아지와 산책을 하거나, 드라이브나 게임을 한다. 이런 식으로 매매를 멈추고 리프레시를 하면 이성을 잃고 무리하게 매매하는 것을 예방할 수 있다. 그리고 어떤 실수 때문에 손실이 나게 됐는지도 이성적으로 돌아볼 수 있다.

2. 매매를 복기한다

리프레시를 마치고 저녁으로 좋아하는 음식을 든든하게 먹고 난 뒤에는 자기 전에 오늘 했던 매매 녹화본을 다시 한번 살펴본다. 그리고 잘못 매매한 부분을 따로 잘라내어 저장해두고 영상을 반복해서 보면서 반성한다. 한 번 살펴보고 끝내지 않고 반복해서 보는 이유는 인간은 망각의 동물이어서 시간이 지나면 오늘의 일을 금방 잊어버리고 실수를 반복하기 때문이다.

나는 이렇게 큰 손실이 난 부분을 매일같이 돌려보면서 그때 했던 실수가 얼마나 큰 손실로 연결되었는지 다시 한번 자각한다. 그리고 같은 실수를 반복하지 않기 위해 최선을 다한다.

3. 목표 수익률을 낮춘다

큰 손실을 본 다음 날의 마음가짐도 매우 중요하다. 가령 매일 평균적으로 1,000만 원 정도의 수익을 내고 있다가 하루 만에 5,000만 원을 날리게 되었다고 해보자. 이때 다음 날 무리하게 5,000만 원을 하루 만에 복구하려고 하면 분명히 이날도 큰 손실로 마무리하게 될 것이다. 이미 심리가 무너진 상황에서 평소보다 더 큰 수익을 내기 위해 하는 매매가 수익을 줄 리 없다.

그러니 이렇게 갑자기 5,000만 원이라는 큰 손실이 났다면 원래 평균 수익금액인 1,000만 원에서도 욕심을 더 내려놓아야 한다. 그리고 10일간 매일 500만 원 정도의 수익을 내면서 손실을 메꾸는 것을 목표로 한다. 이렇게 하지 않고 원래 수익 내던 만큼이나, 그 이상의 수익을 목표로 매매하게 된다면 매매하던 중간에 어제의 손실이 계속해서 떠오를 것이다. 그러다 보면 짧게 수익을 내고 나와야 하는 자리에서 괜히 욕심을 부리다가 더 큰 수익을 낼 수 있는 자리도 놓쳐 버리게 된다. 그러면 결국 손실로 마무리하는 경우가 잦아질 것이다.

아마 많은 분이 비슷한 경험을 해보았을 거라고 생각한다. 나도 초보 시절에 수없이 해봤던 경험이다. 그때의 실수를 계속해서 돌려보고 자각함으로써, 이제는 전날에 큰 손실을 보더라도 다음 날 평소보다 마음을 더 내려놓고 작은 수익에도 만족하면서 매매한다.

이렇게 하다 보면 목표했던 대로 5,000만 원의 손실을 열흘간에 걸쳐서 천천히 복구할 수 있을 것이다. 어쩌다가 시장이 정말 잘 맞을 때는 하루 만에 손실 금액을 모두 복구할 기회를 얻기도 한다. 조급한 마음을 내려놓고 느긋하게 복구하려는 트레이더만이 이런 기회를 잡을 수 있다.

21

나 의 위 험

분   산

포 트 폴 리 오

수익을 지키는 법

주식으로 수익을 내는 것도 중요하지만 그보다 더 중요한 것은 그 수익금을 어떻게 관리하느냐이다. 나는 매번 수익을 낼 때마다 수익금의 대부분을 출금한다. 그럼 나는 이 금액을 어떻게 관리하고 있을까? 이번에는 나의 포트폴리오에 대해 얘기해보겠다.

나는 현금을 많이 가지고 있으면 불안해하는 경향이 있다. 트레이딩으로 수십억 원 이상을 벌던 트레이더가 단 한 번 매매를 잘못해서 모든 재산을 날렸다는 이야기를 정말 많이 들었기 때문이다. 그래서 나도 현금이 많을 때는 혹시나 내 그릇을 넘는 심한 베팅을 했다가 지금까지 이뤄온 것을 한 번에 모두 잃을까 봐 무섭다. 그렇기 때문에 현금이 많이 늘어나면 무조건 안전자산으로 빼놓는다.

1. 현금성 자산

현금이 많이 모였을 때 가장 먼저 했던 것은 집과 차를 사는 일이었다. 집과 차는 꼭 있어야 하는 현금성 자산이라고 생각한다. 그러면서도 현금화하기가 번거롭기 때문에 내가 갑자기 전 재산을 올인하는 투자를 하고 싶어진다고 해도 쉽게 현금화하여 투자하는 것을 막아줄 수 있다.

2. 안전자산

이후에 낸 수익금으로는 미국 채권과 미국 우량주를 사 모으고 있다. 채권을 모으는 이유는 현재 5.5%라는 고금리를 생각했을 때 너무나 매력적인 투자처라고 생각하기 때문이다. 그리고 미국 우량주는 계속해서 우상향하는 경향이 있기 때문에 가격에 상관없이 현금이 많아질 때마다 조금씩 사 모은다면 언젠간 큰 자산이 되어 있을 거라고 생각한다.

마음의 안식처

나는 재산을 계좌의 예수금, CMA 통장에 현금, 집과 자동차 등의 현금성 자산, 미국 채권과 미국 주식 등 안전자산으로 분배해 놓았다. 나의 전체 자산을 100이라고 했을 때 내가 가진 각각의 비중은 다음과 같다.

포트폴리오 구성별 비중

구분		비중
투자 자산	단타 계좌	10
	스윙 계좌	5
안전자산	해외 주식, 채권	25
현금성 자산	CMA 계좌, 현금	5
	부동산, 자동차	55
합계		100

따라서 내가 갑자기 주식 계좌에 있는 금액을 모두 날린다고 해도 CMA 계좌에 현금 5가 남아 있고, 이것마저 날린다고 해도 해외 주식과 채권에 현금 25가 남아 있다. 정말 만에 하나 이마저도 팔아 버리고 주식투자를 다시 했다가 모두 날린다고 해도 집과 자동차 55가 남아 있다. 매매가 심하게 꼬여서 깡통을 몇 번 차게 된다고 해도 기회가 계속 남아 있는 것이다.

하지만 나는 매매가 잘 안 될 때는 계좌에 있는 예수금을 늘리기보다 줄이는 습관이 있다. 때문에 이 습관만 잘 유지한다면 나의 소중한 재산을 몽땅 날리는 일은 없을 거라고 생각한다.

나는 부유하다가 가난해졌을 때 삶이 얼마나 고통스러워지는지 뼈저리게 경험했다. 그렇기 때문에 두 번 다시 그런 경험은 하지 않을 것이다. 그러기 위해서 꾸준히 수익금을 출금하여 안전하게 포트폴리오를 구성하고, 혹시나 매매가 잘 안 될 때 수익을 많이 내지는 못하더라도 자산을 크게 잃는 사태는 막을 것이다. 이 점만 잘 지킨다면 나는 시간이 얼마나 걸리든지 트레이더로서 꾸준히 성장해 나갈 수 있을 거라고 생각한다.

RULES OF

사람들의
심리를 읽어라

DAY TRADING

22

관 심 이
모이는 곳에
기회가 있다

심리를 이용한 단타 매매 전략

한 섹터에 사람들의 관심이 집중되면 그 섹터는 주도 테마가 되어 시장을 이끌어 간다. 가장 최근의 예로 2023년 초에는 에코프로를 필두로 포스코와 같은 이차전지 관련주들이 과도하게 상승하며 시장을 이끌었다. 그에 맞춰 코스닥 시장도 700포인트에서 950포인트까지 35%나 상승했다. 시장에서의 거래대금도 2022년에 비해 2배, 3배 이상이 발생했다. 당연히 나 같은 단기 트레이더에게는 최고의 시장이었다. 시장이 정말 좋았으므로 앞서 얘기했던 대로 수익금을 전부 출금하는 것이 아닌 일부만 출금하여 비중을 조금씩 더 늘리고, 매매 횟수도 늘리며 수익금을 극대화했다.

그렇게 이차전지 대장주였던 에코프로는 2024년 초 10만 원에서 150만 원까지 상승하는 기염을 토했다. 하지만 단기적인 상승이 과도하게 컸던 만큼 주가가 며칠 만에 고점 대비 반토막 이상 빠져 버리는 등 변동성도 매우 컸다. 이 과정에서 많은 시장참여자가 큰돈을 벌었을 수도 있지만, 뒤늦게 고점에서 합류한 투자자는 큰돈을 잃었을지도 모른다.

어떻게 에코프로, 포스코 등의 대형주들이 수개월 만에 5배, 10배씩 상승할 수 있었을까? 어떤 사람들은 그만큼 회사가 좋고, 미래 영업이익이 크게 기대되어 그 가치를 인정받아 상승했다고 얘기한다. 하지만 나는 생각이 조금 다르다. 물론 돈을 잘 버는 좋은 회사들이고, 미래의 산업적 가치도 높다는 것은 인정한다. 하지만 이 섹터의 종목들이 이렇게까지 단기간에 과도하게 상승할 수 있었던 이유는 개인들의 심리가 과하게 집중되었기 때문이라고 생각한다.

당시 이차전지 주들은 뉴스 채널을 넘어서 유튜브, 인스타그램 등 온갖 SNS에서 도배될 만큼 화제였다. 주식의 '주'자도 모르고 주식에 관심이 없던 사람도 적금을 해지하면서까지 이차전지 주식들을 매수할 정도였다. 많은 사람이 이 종목들로 돈을 벌고 있다는 얘기를 듣고 소외감을 느꼈기 때문이다.

만약 옆집 사람이 에코프로를 10만 원에 매수하여 100만 원에 매도하고 10배의 차익을 봤다는 얘기를 듣는다면, 심지어 뉴스나 여러 방

송에서 이차전지 섹터를 매수한 많은 사람이 큰 수익을 냈다는 등의 이야기가 계속 들려온다면 아무리 주식에 관심이 없던 사람일지라도 당장 계좌를 개설하여 매수를 진행할 것이다. 그 가격이 이미 10배 이상 오른 100만 원 위에 있다고 할지라도 말이다.

이런 개인들의 심리가 모이다 보니 당연히 나 같은 트레이더들의 관심도 크게 집중되었을 것이다. 이렇게 여러 심리가 응축되어 주가 밸류를 넘어선 과도한 상승이 나온 것이라고 생각한다.

단타 매매 전략 1. 돌파 매매와 짝꿍 매매

그렇다면 이럴 땐 어떻게 매매해야 할까? 이렇게 거래대금이 크게 터지고 변동성도 큰 섹터에서는 많은 매매법을 활용할 수 있다. 주가가 계속해서 우상향하다 보니 주가가 올라가면서 많은 라운드피겨와 신고가 등의 중요한 자리를 지나갈 것이다. 그런 자리에서는 돌파 매매를 진행하는 것이 다른 소외 주들에서 돌파 매매를 진행하는 것보다 승률이 훨씬 높을 것이다. 돌파 매매에서 수익을 잘 내기 위해서는 단기간에 큰 변동성이 필요한데, 이를 위해선 많은 시장참여자의 관심이 집중되어야 한다. 이런 주도 섹터는 소외 주보다 사람들의 관심을 받기 쉽다.

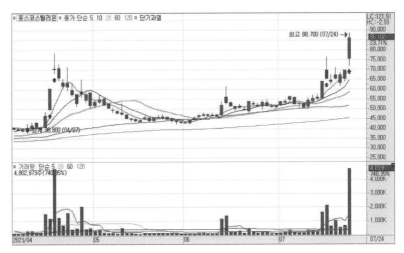

그림 5-1. 7월 24일 포스코스틸리온 전고점 78,500원 돌파 일봉 차트

　포스코스틸리온의 경우는 앞에서 설명했던 신고가 돌파 매매에서 대장주의 상한가 도달이라는 변수를 추가한 케이스다. 7월 24일 이차 전지 섹터 중에 포스코그룹으로 수급이 많이 들어오고 있었다. 그중에 포스코스틸리온이라는 종목이 당일 고점, 신고가 자리를 돌파할 듯하여 지켜보고 있었는데 그때 마침 대장주였던 포스코인터내셔널이 상한가 직전까지 올라갔다는 변수가 생겨서 포스코스틸리온을 돌파 매매이자 짝꿍 매매 관점으로 매매를 진행했다(그림 5-2).

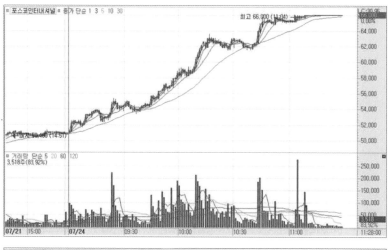

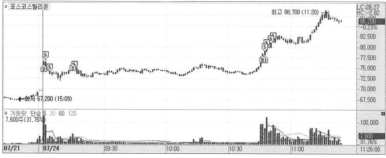

그림 5-2. 7월 24일 포스코인터내셔널(위)이 상한가에 근접할 때 포스코스틸리온(아래)이
신고가 78,500원을 돌파하는 순간을 노려 매매. 돌파 매매이자 짝꿍 매매

 포스코스틸리온 신고가 돌파·짝꿍 매매 영상
7월 24일 매매 영상

단타 매매 전략 2. 데이트레이딩과 종가 베팅

중요한 자리를 돌파하는 순간을 노리는 돌파 매매에 자신이 없으면 천천히 모아가는 느낌의 데이트레이딩으로 매매를 진행해도 좋다. 데이트레이딩도 종목의 추세가 상방으로 진행되고 있을 때, 그리고 이 종목이 주도 섹터 안에 속해 있을 때 수익을 볼 확률이 더 높아지기 때문이다. 이렇게 모아가는 매매를 차트나 수급 등을 참고하여 종가 베팅으로 연결해 다음 날 매도하는 방법을 취할 수도 있다. 그리고 이런 매매를 며칠간 반복하며 눌림목에서 매수, 슈팅에 일부 매도하는 느낌으로 단기 스윙을 진행할 수도 있다. 실제로 나도 빠른 템포로 매수와 매도가 이뤄지는 돌파 매매 외에도 이런 느린 템포의 매매도 진행한다.

7월 3일 에코프로가 장 초부터 신고가 근처까지 도달했을 때(그림 5-3) 프로그램 수급도 꾸준히 크게 들어오고 있었다(그림 5-4). 보통 이 정도의 시가총액 상위 종목이 신고가 부근이나 신고가보다 높은 가격에서 프로그램 수급이 지속적으로 크게 들어오는 경우, 이 수급은 공매도를 친 주체들의 숏커버링(주가가 하락할 것으로 예상하여 공매도를 한 뒤에 주식을 돌려주기 위하여 시장에서 다시 사들이는 일) 물량일 확률이 높다.

공매도란 쉽게 말하면 주가가 하락할 것에 베팅하는 매매인데, 주가가 하락할 것이라고 예상하여 베팅했지만 되레 주가가 신고가를 넘어설 정도로 상승하여 공매도한 물량을 손절하는 것을 숏커버링이라고

그림 5-3. 7월 3일 에코프로 신고가 갱신 차트

시간	매도수량	매수수량	순매수수량	증감
10:10:08	61,168	129,210	68,042	
10:10:06	61,168	129,210	68,042	728
10:10:04	61,167	128,481	67,314	1,605
10:10:03	61,159	126,868	65,709	27
10:10:01	61,159	126,841	65,682	9
10:09:59	61,159	126,832	65,673	17
10:09:58	61,159	126,815	65,656	70
10:09:56	61,159	126,745	65,586	35
10:09:54	61,159	126,710	65,551	36
10:09:53	61,159	126,674	65,515	44

그림 5-4. 꾸준히 들어오는 프로그램 수급

한다.

이번 상승장 때 시가총액이 매우 큰 이차전지 주들이 신고가를 넘어서는 큰 상승이 나올 때마다 이런 숏커버링 현상이 자주 일어났다. 이런 경우에는 주가가 지속적으로 상승할 확률이 매우 높기 때문에 물량을 빠르게 팔아 버리기보다 천천히 분할로 매도하거나 종가 베팅으로 연결하여 다음 날에 매도를 취하는 방식으로 매매했다(그림 5-5).

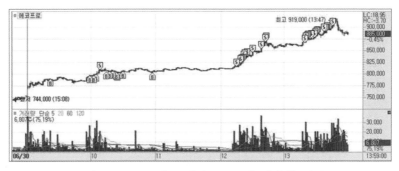

**그림 5-5. 에코프로 신고가 갱신과 프로그램 수급을 참고하여
오전 매수 후 오후 매도한 일지 차트**

단기 매매 전략 3. 단기 스윙 매매

이번에는 포스코DX라는 종목을 단기 스윙의 관점으로 매매한 것이다. 이 종목을 이렇게 매매했던 가장 큰 이유는 에코프로그룹으로 과다하게 몰렸던 관심이 슬슬 포스코그룹으로도 이동할 확률이 매우 높다고 생각해서였다.

이렇게 같은 섹터에서도 수급이 이동하는 현상을 한 섹터에서의 순환매(어떤 종목에 호재가 발생해서 투자자가 몰려 주가가 상승하면 그 종목과 관련 있는 종목도 주가가 상승하여 순환적으로 매수하려는 분위기가 형성되는 것)라고도 하는데, 거래대금이 크고 사람들의 관심이 많이 몰리는 섹터일수록 이런 순환매가 더 잘 나오곤 한다. 그렇기에 며칠간 눌릴 때 매수하고 슈팅이 나오면 조금 매도하는 느낌으로 트레이딩을 이어나갔다. 생각했던 것보다 주가가 많이 눌렸을 때는 손실금도 커져서 위기가 올 때도 있었지만 관심이 크게 몰리는 주도 섹터답게 반등도 시원하게 해준 덕분에 큰 수익으로 트레이딩을 마칠 수 있었다.

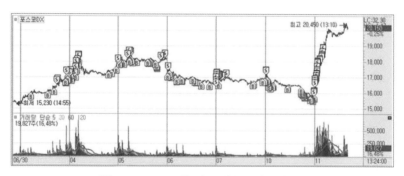

그림 5-6. 포스코DX 7월 1일~11일까지 1분봉 일지 차트

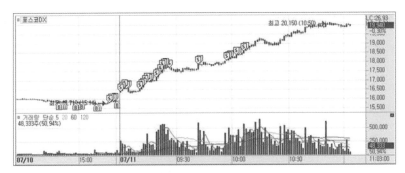

그림 5-7. 포스코DX 7월 11일 1분봉 일지차트

이렇듯 같은 매매를 해도 사람들의 관심이 크게 몰리고 거래대금도
크게 터져주는 주도 섹터에서 매매하는 것이 수익을 낼 수 있는 확률이
더 높다. 그러므로 단기 트레이딩만큼은 주도주, 주도 테마, 주도 섹터
에서 매매하는 것을 권장한다.

광기의
기준

광기라는 게 상승률 같은 지표로 명확하게 나타낼 수 있으면 좋겠지만, 너무 감각적인 영역이라 확고한 기준을 말씀드리기가 어렵습니다. 다만, 주식시장에는 '어머니들 사이에서 어떤 주식 종목의 이야기가 오고 가기 시작한다면 그때가 가장 광기가 심한 지점이고, 고점을 조심해야 하는 자리'라는 풍문이 있습니다. 그저 우스갯소리지만, 완전히 틀린 말은 아니라고 생각합니다.

저도 비슷한 경험을 종종 했는데 학기 중에 어떤 종목이 심하게 급등을 이어가면 어김없이 학교 친구 몇 명이 그 주식에 대해 저에게 물어보곤 했습니다. 그러면 그 종목은 신기하게도 며칠 내로 고점을 찍고 급락이 나오는 모습을 보였습니다.

그만큼 주식에 관심이 없던 사람들까지 특정 종목에 관심을 갖기 시작한다면 그 자리는 고점일 확률이 높고, 주식 트레이더들은 그전부터 들어가 이제는 나올 준비를 하거나 이미 수익을 내고 나왔을 것입니다. 그러므로 초보자라면 이런 자리를 조심해야 합니다.

23

이차전지 폭락 중

가 장 큰

수 익 을 내 다

급등 끝에는 언제나 폭락

　하지만 꾸준히 올라가기만 하는 주식은 없고, 시장참여자들의 광기가 모여 단기적인 급등이 큰 종목에서 그 광기가 끝에 다다르면 결과는 대부분 대폭락으로 이어진다. 실제로 4개월 만에 주가가 20배 오른 신풍제약이 단 2일 만에 주가가 반토막이 나기도 했다.

　나는 당연히 이차전지 종목들도 이렇게 급등이 이어지다 보면 분명히 크게 무너지는 순간이 올 수밖에 없다고 생각했다. 그리고 대망의 7월 26일, 이차전지 섹터의 대장주였던 에코프로비엠이 장중 26%까지 치솟으며 다른 모든 이차전지 주들도 함께 천장을 뚫고 올라가고 있었다. 그런데 오후 1시 즈음부터 투매가 조금씩 나오기 시작하더니 엄청난 속도의 급락이 이어지기 시작했다. 그렇게 에코프로비엠이 1시간도 안 되어 +26%에서 -7%까지 하락했다. 대장주가 그렇게 빠지다 보니 당연히 다른 후속주들은 그 이상으로 하락했다.

이렇게 몇 달간 시장을 주도했던 섹터에서, 특히 시가총액이 매우 큰 종목들이 모인 이차전지 섹터의 모든 종목이 급락하니 코스피, 코스닥

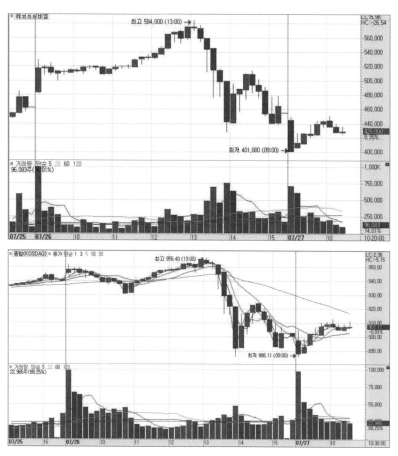

그림 5-8. 7월 26일 에코프로비엠(위)과 코스닥지수(아래) 10분봉 차트

지수도 엄청난 속도로 급락하기 시작했다. 코스닥지수는 장중 956포인트에서 886포인트까지 1시간 만에 70포인트가 빠지면서 시장은 큰 패닉에 빠졌다.

시장참여자 대부분은 지수가 이렇게 급락하면서 시장이 공포에 잠길 때는 매매하기 쉽지 않을 것이다. 하지만 에코프로비엠 같은 주도주인 동시에 시가총액도 매우 큰 대형주가 이렇게 단기적으로 크게 급락하는 것은 나 같은 트레이더에게는 1년에 한 번 올까 말까 한 큰 기회 중의 기회다. 실제로 이날 나는 시장의 공포가 너무 커져 패닉에 빠질 때마다 큰 비중의 베팅을 계속했고, 결국 이날 하루에만 2억 원이 넘는 수익을 거뒀다.

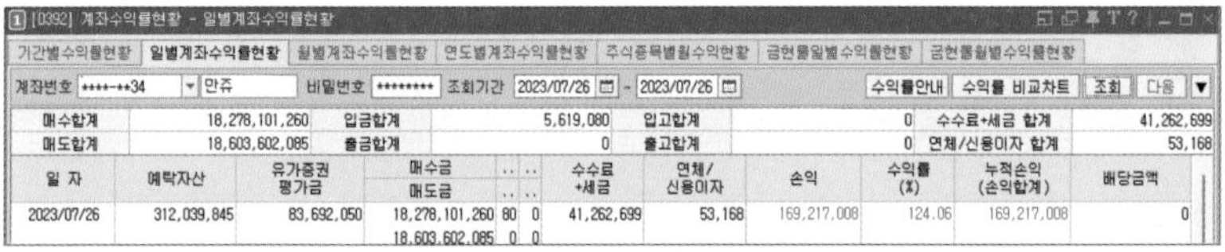

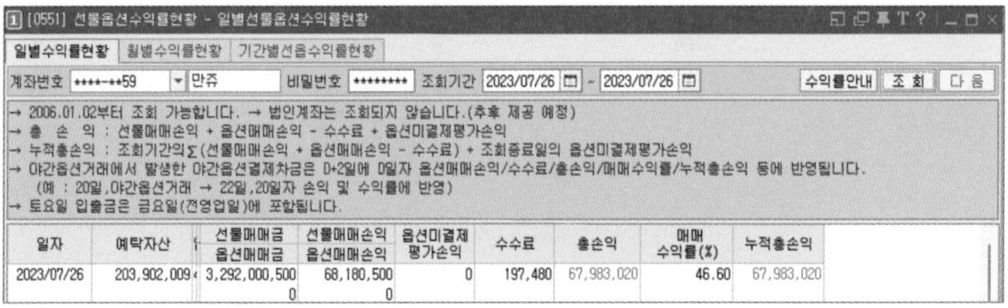

그림 5-9. 7월 26일 주식현물(위)과 주식선물(아래) 수익

급락에도 반등은 있다

하루 만에 엄청난 수익을 거두었지만 대단한 매매를 한 것이 아니다. 그저 낙주 매매와 짝꿍 매매가 곁들여진 트레이딩을 진행했을 뿐이다. 상황을 되짚어 보면 당시 종목들이 급락하기 전에 포스코인터내셔널만 유일하게 상한가에 있었다. 이차전지 대장주는 에코프로비엠이라고 할 수 있지만 이날의 등락률이 가장 높은 종목은 포스코인터내셔널이었다. 때문에 이날만큼은 포스코인터내셔널이 등락률상 대장이라고 볼 수 있었다. 그리고 종목들이 크게 급락하기 시작할 때 당연히 포스코인터내셔널도 상한가가 풀리며 같이 크게 급락하기 시작했다.

보통 이런 주도 섹터에서 종목들이 다 같이 급락하면 가장 먼저 반등하는 종목은 포스코인터내셔널 같은 등락률상의 대장주이거나 에코프로비엠, 포스코홀딩스 같은 시가총액이 가장 큰 종목인 경우가 많다.

나는 이렇게 섹터에서 가장 먼저 움직여주는 종목을 기준 종목으로 보는데, 보통의 경우 테마나 섹터에서 등락률이 가장 높은 대장주가 기준 종목이 된다. 하지만 이날은 등락률이 가장 높은 대장주와 시가총액이 가장 큰 에코프로비엠, 포스코홀딩스가 돌아가며 가장 먼저 반등하는 모습을 보였다. 그리고 이 기준 종목들이 먼저 반등해주면 이후에 포스코퓨처엠, 포스코엠텍 등의 후속주들이 한 박자 늦게 반등하곤 했다.

그래서 나는 포스코인터내셔널과 에코프로비엠, 포스코홀딩스 등을 뚫어져라 쳐다보며 기회를 노렸다. 대장주였던 포스코인터내셔널이 30분 만에 상한가에서 보합까지 빠지고 그 자리에서 엄청난 매수세가 들어오며 순간적으로 3% 이상 반등해줄 때, 그리고 마침 시가총액이 큰 다른 기준 종목들에도 큰 매수세가 들어오며 반등이 나와주는 것을 확인하고 나서 포스코엠텍, 포스코스틸리온 등의 후속주를 매수하기 시작했다.

물론 이날의 시장 분위기는 코스닥이 30분도 안 되어 7% 가까이 급락하는 극도의 공포 상태였기에 나도 겁이 많이 났다. 하지만 트레이더로서 나의 본능은 지금 이 공포의 순간이 두 번 다시 오지 않을 큰 기회라고 외치고 있었다. 그래서 그동안 해왔던 매매 경험을 믿고 큰 비중의 베팅을 진행했다. 당연히 큰 손실을 감수할 각오도 되어 있었다. 만약 내가 생각한 대로 반등해주는 모습이 나오지 않는다면 1초의 고민도 없이 물량을 전부 손절할 생각이었다.

그러나 다행히 대장주였던 포스코인터내셔널이 빠르게 저점 대비 15% 이상 반등했다. 한 박자 늦게 후속주를 매수했던 나도 포스코인터내셔널만큼의 수익은 아니더라도 단기적으로 정말 큰 수익을 낼 수 있었다.

이렇게 오후 1시부터 시작됐던 폭락은 장이 끝날 때까지 위아래로 왔다 갔다 하며 큰 변동성을 보였다. 나는 대장주인 포스코인터내셔널과 시가총액이 큰 종목들을 뚫어져라 보면서 기회의 순간이 올 때까지 인내하다가 확실한 기회가 왔을 때 후속주를 낚아채는 매매를 반복했다.

수익만큼의 손실도 감당하는 마음

이날은 생각했던 대로 매매가 잘되었던 케이스였다. 만약 생각대로 매매가 풀리지 않았다면 2억 원의 수익이 아닌 2억 원의 손실이 날 수도 있었다. 하지만 1년에 한 번 있을까 말까 한 이런 기회의 순간에 공포에 짓눌려 아무런 매매도 하지 않았다면 나는 아마 이날의 나를 평생 원망했을 것이다. 이날의 매매는 나에게 큰 공부가 되었고, 그릇이 더 커질 수 있게 해줬다. 그리고 앞으로의 트레이딩에 있어서 많은 도움이 되는 경험이 되었다.

가끔은 공포의 순간일지라도 기회라고 생각되는 때가 있다면, 큰 손실을 감수하고서라도 큰 수익을 위해 베팅할 수 있는 용기가 필요하다. 당연히 큰 손실이라고 해도 전 재산 올인 같은 말도 안 되는 베팅이 아닌, 감당이 가능한 손실의 베팅이어야 한다.

매매가 잘되면 큰 수익을 얻고, 잘되지 않으면 큰 손실이 발생할 수 있다. 하지만 그게 손실이든 수익이든 그날의 베팅은 당신의 트레이딩 실력을 한 단계 올려줄 것이다. 더 나아가 그릇을 키워줌으로써 앞으로의 매매에서 자잘하게 손실이 나더라도 쉽게 멘탈이 붕괴되지 않는, 정신적으로 더 강인해진 자신을 발견하게 될 것이다.

RULES OF

시장에
순응하라

DAY TRADING

24

시 장 을
봐 야 하 는
이 유

시장이라는 거대한 물결

　트레이딩에서 수익을 내는 데 가장 중요한 것은 무엇일까? 기법? 심법? 두 가지 다 중요하지만 내가 생각하기에 그보다 중요한 것은 시장이다. 더불어 시장을 보는 눈과 시장 상황에 맞춰 매매를 조절할 수 있는 능력이 있는 사람이 트레이딩을 잘하는 사람이라고 생각한다.

　2020년 갑자기 발생한 코로나19로 인해 시장이 폭락하자 연준의 유동성 확대 정책으로 시장에 돈이 풀리면서 거래대금이 어마어마하게 터졌다. 시장도 V자 반등을 하며 1년간 엄청난 상승이 나왔다. 당연히 이런 큰 거래대금을 동반한 상승장에서는 많은 사람이 수익을 내기 쉬웠을 것이다. 원래도 수익을 잘 내던 트레이더는 이런 시장에서 수익이 더 극대화되었을 것이다.

하지만 그다음 해부터 극심한 인플레이션의 여파로 연준은 유례없이 빠른 속도로 금리를 올리기 시작했고, 그에 맞춰 우리나라를 포함한 세계 시장이 모두 폭락하기 시작했다. 만약 이전 코로나 상승장이라는 좋은 시장에 취해, 거래대금이 줄고 시장이 무너지는 상황을 인지하지 못했다면 상승장에서 냈던 수익을 전부 반납했을 것이다.

이런 하락장이 오면 이전의 상승장에서 꾸준히 수익을 냈던 기법을 그대로 사용해 매매해도 이전만큼 수익이 나지 않거나, 오히려 손실이 나는 경우가 많다.

그만큼 시장을 보는 것이 기법이나 심법과는 비교도 되지 않을 만큼 훨씬 중요하다. 그렇다면 나는 시장의 어떤 점을 보고 시장 상황을 판단할까?

시장을 판단하는 법

1. 거래대금

먼저 가장 중요하게 확인하는 지표는 거래대금이다. 종목의 거래대금이 아닌 시장 전체의 거래대금을 늘 체크한다. 그중에서 코스닥 거래대금은 10조 원을 기준으로 그보다 낮은 5조~7조 원 정도면 시장에 돈이 돌지 않는 것이고, 그보다 높은 12조 원 이상이면 시장에 돈이 정말 잘 도는 것이라고 판단한다. 물론 이는 2023년 기준이고, 몇 년이 지난 후에는 기준이 바뀔 수도 있다. 이렇게 시장에 돈이 잘 돌 때 확실하게 사람들의 관심이 많이 몰리는 주도 테마나 섹터가 있다면 그 안에서 큰 비중으로 매매를 진행하는 것이다.

일자	지수	전일대비	등락률	거래량(천주)	전일비	상승	보합	하락	상승종목비율	거래대금(백만)	외인순매수	기관순매수
2023/12/15	838.31	▼ 2.28	0.27	1,082,326	104.32	773	159	767	45.72	9,586,611	1,041	243
2023/12/14	840.59	▲ 11.28	1.36	1,037,462	96.80	819	175	703	48.48	11,695,702	1,379	2,949
2023/12/13	829.31	▼ 10.22	1.22	1,071,809	88.05	405	139	1,156	24.09	10,192,342	623	1,265
2023/12/12	839.53	▲ 4.28	0.51	1,217,323	130.84	771	168	759	45.63	9,462,124		1,961
2023/12/11	835.25	▲ 4.88	0.59	930,374	107.90	904	160	635	53.37	7,034,638	436	1,093
2023/12/08	830.37	▲ 17.17	2.11	862,256	108.48	1,068	169	464	62.87	8,258,783	1,767	2,014
2023/12/07	813.20	▼ 6.34	0.77	794,864	90.04	485	166	1,050	28.62	7,508,853	1,558	24
2023/12/06	819.54	▲ 6.16	0.76	882,764	83.40	1,023	158	518	60.29	8,478,611	190	239
2023/12/05	813.38	▼ 15.14	1.83	1,058,500	104.88	382	130	1,187	22.71	9,209,909	1,056	1,466
2023/12/04	828.52	▲ 1.28	0.15	1,009,243	101.14	644	154	900	38.07	10,498,737	218	1,770
2023/12/01	827.24	▼ 4.44	0.53	997,870	128.76	683	158	858	40.27	8,841,802	771	1,163
2023/11/30	831.68	▲ 9.24	1.12	774,888	84.56	944	172	581	55.68	8,064,192	1,350	379
2023/11/29	822.44	▲ 6.00	0.73	916,374	98.12	565	165	966	33.41	8,954,167	1,469	49

그림 6-1. 코스닥 거래대금 지표

반대로 시장에 돈이 돌지 않고 주도 테마나 섹터도 보이지 않는다면 매매를 거의 하지 않고 이슈가 있는 개별주들에서만 작은 비중으로 매매한다. 만약 거래대금이 메말랐음에도 불구하고 확실하게 사람들의 관심이 몰리는 테마가 있다면 그때는 그 테마주들을 매매하곤 하지만, 당연히 거래대금이 클 때에 비해 현저히 적은 비중으로 매매한다. 이는 트레이더라면 당연히 가져야 하는 기질 중 하나인 '절제'를 실천하는 것이다.

2. 주도 테마

거래대금만큼 주도 테마를 파악하는 것도 중요하다. 거래대금이 잘 터지거나 지수가 크게 상승하는 좋은 시장에서는 보통 시장을 주도하는 주도 테마나 섹터가 있기 마련이다. 2020년 코로나19 위기 때는 마스크 주부터 치료제, 백신 주까지 코로나19 테마가 시장을 주도했다. 2023년에는 연초에 삼성전자의 큰 투자를 받았던 레인보우로보틱스를 필두로 로봇 테마, AI 테마가 큰 관심을 받았다. 중반에는 이차전지 섹터가 시장을 주도하고 지수도 크게 끌어올렸다.

이렇게 시장을 주도하고 사람들의 관심이 몰리는 주도 테마의 존재 여부가 시장을 판단하는 데 중요한 기준이 된다. 나는 주식투자로 수익이 나기 시작하고부터는 거의 매월 수익으로 마감하는 경우가 많았다. 그러나 2022년 5월부터 12월까지는 적은 금액이지만 매월 손실로 마감했다. 그 이유는 거래대금이 현저히 줄어들었던 것도 있지만, 확실하게 시장을 주도하는 주도 테마가 없었던 영향도 컸다.

3. 지수

마지막으로 지수를 체크해야 한다. 지수가 하루 종일 하락하며 코스닥, 코스피가 모두 -2%에서 -3%를 넘어간다면 시장참여자들은 심리적인 불안감에 매매를 꺼리게 된다. 그러다 보니 종목들도 거래대금이 잘 안 터지고 변동성도 작기 때문에 단기 트레이딩을 하기에는 좋은 환경이 아닌 것이다.

또 우리나라 지수뿐만 아니라 미국 증시 선물지수까지 체크해야 한다. 만약 나스닥 선물지수가 우리나라 장중에 1% 이상 하락이 나오고 있다면 그날은 장중뿐만 아니라 시간외 단일가에서도 지수 관련 종목들이 하락할 확률이 높다. 그렇다면 대부분의 종목이 다음 날 갭 하락할 확률이 높기 때문에 이럴 때는 종가 베팅을 하지 않는다. 만약 하더라도 작은 비중으로 지수와 관련이 거의 없는 소외 주나 지수와 반대로 움직이는 경향이 큰 헤지 주 등을 매매한다.

주도 테마
찾는 법

1. 거래대금 상위

　주도 테마 찾는 법은 그렇게 어렵지 않습니다. 먼저 거래대금을 통해 주도 테마를 찾는 방법이 있습니다. 거래대금 상위 창을 확인했을 때 삼성전자처럼 시가총액이 아주 큰 종목은 등락률이 +3%를 넘지 않는다면 일단 제외하고 그 외의 종목들을 살펴보면 됩니다.

등락률상위100 | 거래량상위100 | 동시간대비거래급증100 | 거래량급증100 | 회전율상위100 | 거래대금상위100

○ 전체 ○ 코스피 ○ 코스닥   ● 당일 ○ 전일   [백만] 설정 조회 다음

종	순위	종목명	현재가	대비		등락률	거래량	거래대금	전일거래대금	전일비
30 45	1	삼성전자	72,800	▼	200	-0.27	13,304,480	968,987	1,037,049	93.44
100 100	2	서남	7,690	▼	780	-9.21	79,955,033	742,493	64,393	1,153.06
100 100	3	에스피소프트	16,820	↑	3,880	29.98	48,609,008	729,434	462,703	157.65
20 45	4	현대차	252,500	▲	12,500	5.21	2,261,790	552,222	505,075	109.33
45 45	5	SK하이닉스	146,800	▼	1,900	-1.28	3,262,836	481,239	533,512	90.20
100 100	6	덕성	10,640	▼	1,480	-12.21	36,567,270	451,537	221,338	204.00
100 100	7	씨씨에스	5,270	▲	640	13.82	67,212,215	376,499		
50 45	8	텔레칩스	31,600	▲	400	1.28	10,559,661	372,004	41,462	897.23
40 50	9	인성정보	5,090	↑	1,170	29.85	73,070,353	350,696	50,238	698.07
100 100	10	이런시스	8,890	▲	1,570	21.45	39,727,793	335,424	189,083	177.39
100 100	11	한글과컴퓨터	30,300	▲	4,490	15.21	11,234,899	326,259	56,568	576.76
20 45	12	LG화학	504,000	▲	20,500	4.24	587,439	296,431	203,731	145.50
40 45	13	에코프로	640,000	▲	5,000	0.79	417,563	270,640	250,081	108.22
50 45	14	루닛	61,700	▲	3,300	5.65	3,852,253	250,592	32,518	770.63
20 45	15	기아	115,800	▲	2,300	2.03	2,125,121	241,897	289,685	83.50
45 45	16	HPSP	58,500	▼	4,600	-7.29	3,861,604	229,750	320,288	71.73
100 100	17	엔켐	252,000	▼	19,500	-7.18	891,009	227,850	235,437	96.78
100 100	18	신성델타테크	117,000	▼	6,900	-5.57	1,786,500	215,057	342,232	62.84

그림 6-2. 2월 16일 [1457] 거래대금 상위 100

그림 6-2에서 같은 테마나 같은 섹터로 묶이는 종목을 찾아보면 2위에 서남, 6위에 덕성, 7위에 씨씨에스, 18위에 신성델타테크라는 종목이 있는 것을 확인할 수 있는데 모두 초전도체 테마에 속하는 종목들입니다. 이 창을 보고 초전도체 테마에 엄청난 거래대금이 몰리고 있다고 판단할 수 있습니다. 즉 이날의 주도 테마는 초전도체라고 할 수 있는 것입니다.

2. 등락률 상위

거래대금뿐만 아니라 등락률 상위 창을 보고도 비슷한 방식으로 주

도 테마를 파악할 수 있습니다. 그림 6-3의 등락률 상위에서 같은 테마로 겹치는 종목으로는 3위 케어랩스, 4위 인성정보, 6위 유비케어, 16위 비트컴퓨터를 찾을 수 있습니다.

증 순위	종목명	현재가	대비		등락률	거래량	매도잔량	매도호가	매수호가	매수잔량
100	1 우리산업홀딩스	4,550	↑	1,050	30.00	535,278			4,550	1,830,014
100	2 에스피소프트	16,820	↑	3,880	29.98	48,609,008			16,820	201,796
100	3 케어랩스	5,730	↑	1,320	29.93	6,468,732			5,730	201,733
40	4 인성정보	5,090	↑	1,170	29.85	73,070,353			5,090	1,359,182
100	5 솔고바이오	509	↑	117	29.85	11,567,619			509	2,541,745
40	6 유비케어	6,200	▲	1,170	23.26	20,533,337	6,923	6,200	6,190	14,573
100	7 이랜시스	8,890	▲	1,570	21.45	39,727,793	41,002	8,890	8,880	1,130
40	8 아이에이	521	▲	87	20.05	65,975,025	4,307	521	520	91,851
60	9 리노스	1,648	▲	270	19.59	9,937,756	3,046	1,649	1,648	14,928
60	10 엔피디	2,525	▲	365	16.90	5,490,623	758	2,530	2,525	71,228
100	11 TCC스틸	65,700	▲	9,000	15.87	2,465,535	431	65,700	65,600	206
40	12 신도리코	41,750	▲	5,650	15.65	740,416	726	41,750	41,700	57
100	13 한글과컴퓨터	30,300	▲	4,000	15.21	11,234,899	2,575	30,350	30,300	2,385
100	14 삼화전자	4,910	▲	635	14.85	3,948,488	3,031	4,915	4,910	2,057
60	15 잼백스링크	2,095	▲	265	14.48	31,333,422	63,784	2,100	2,095	56,561
40	16 비트컴퓨터	8,380	▲	1,030	14.01	20,160,115	583	8,380	8,370	5,918
100	17 이월드	2,325	▲	285	13.97	28,848,711	17,441	2,330	2,325	8,612
100	18 씨씨에스	5,270	▲	640	13.82	67,212,215	607	5,280	5,270	1,431

그림 6-3. 2월 16일 [1451] 등락률 상위 100

이 종목들은 모두 원격의료 테마에 속한 종목들로 이날 그림 6-2의 거래대금 상위에는 인성정보만 있는 것으로 봤을 때 거래대금은 조금 적었을 수 있습니다. 하지만 등락률로 봤을 때 4종목이나 상위 등락률에 위치해 있으므로 초전도체와 마찬가지로 이날의 주도 테마라고 볼 수 있습니다.

이런 식으로 시장을 주도하는 테마를 찾을 수 있습니다. 만약 이 테마가 2020년 코로나19 이슈나 2022년 러시아-우크라이나 전쟁 이슈와 같이 매우 큰 이슈라고 한다면, 하루 이틀로 끝나지 않고 며칠에서 길면 몇 달 동안 시장을 주도할 것입니다. 저는 이렇게 시장을 강력하게 주도하는 테마나 섹터가 있는 시장에서 매매하는 것을 선호합니다.

25

주식시장에도

트렌드가

있 다

트렌드 파악하기

주식시장에도 각각의 매매가 잘 통하는 때와 잘 통하지 않는 때가 있다. 예를 들어 2020년 코로나19나 2022년 초 러시아-우크라이나 전쟁처럼 시장에 강력한 테마가 있는 경우에는 테마에 속한 종목들이 상한가에도 잘 들어간다. 그러면 당연히 후속주들도 잘 따라가고, 상한가에 들어간 종목은 다음 날 갭이 높게 뜨는 경우가 많아서 상따 매매나 짝꿍 매매가 유리하다.

그러다 보면 더 많은 사람이 이런 매매를 추구하고, 이것이 단기적으로 유행이 되고 트렌드가 되는 것이다. 물론 이런 트렌드 매매도 시간이 지나고 계속해서 많은 사람이 몰리면 더 이상 시장에 잘 먹히지 않는 순간이 온다. 그러니 그 순간이 오기 전에 지금 시장의 트렌드를 빠르게 파악하고 시장에 유리한 매매법을 찾아 비중을 높여서 매매하는 것이 전체적인 트레이딩 손익비를 높이는 데 도움이 될 것이다.

그렇다면 시장에서 잘 먹히는 매매 트렌드는 어떤 식으로 확인해야 할까? 먼저 지금 시장이 테마주 장세인지, 대형주 장세인지, 혹은 그 외의 개별주 장세인지 등을 확인해야 한다.

26

테 마 주
장 세

테마주 매매 사례 1

테마주 장세란 코로나나 전쟁, 그리고 2023년에 우리나라에서 나온 논문으로 시작해 세계를 뜨겁게 달궜던 초전도체 등 각 이슈와 관계된 종목들이 큰 변동성으로 함께 움직여주는 장세를 말한다.

이런 장세에서 움직이는 종목들은 보통 시가총액이 작은 종목들이 많고, 그러다 보니 테마에 속한 몇몇 종목들은 하루 만에 쉽게 상한가로 가는 등 변동성이 매우 크다. 이런 장세에 맞춰서 대장주 상따 매매나 대장주가 상한가로 달려갈 때를 노린 후속주 짝꿍 매매, 테마주 전체 종목에서 급락이 크게 나왔을 때 대장주의 반등을 확인하고 매매하는 후속주 낙주 매매 등이 수익을 많이 내줄 확률이 높다.

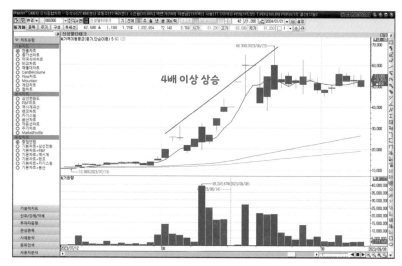

그림 6-4. 초전도체 관련 이슈가 부각되기 시작한 이후 신성델타테크의 일봉 차트

초전도체 테마의 대장주인 신성델타테크는 8월 1일 처음 상한가에 도달한 것을 시작으로 한 달도 안 되어 15,000원에서 68,300원까지 4배 이상 주가가 상승하게 된다(그림 6-4). 상승하는 과정에서도 상한가나 하한가를 몇 번씩 가고, 심지어 하루 만에 상한가에서 하한가 근처까지 주가가 왔다 갔다 하기도 하는 등 어마어마한 변동성을 보여줬다.

단타 매매는 변동성이 큰 시장일수록 수익을 낼 수 있는 확률이 높다. 때문에 나도 이 종목을 포함하여 초전도체 테마주들을 많이 매매했다.

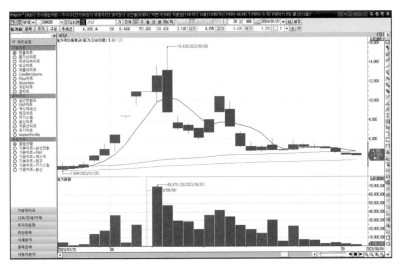

그림 6-5. 초전도체 테마의 2등주로 부각되어 움직이던 서남의 일봉 차트

2등주로 분류되는 서남은 신성델타테크보다 시가총액이 훨씬 작아서 가끔씩 대장주의 자리도 뺏으며 주가가 크게 오를 만큼 변동성이 어마어마했다(그림 6-5). 보통 서남은 대장주인 신성델타테크의 후속주 느낌으로 움직여줬기에 신성델타테크를 보고 서남을 매매하는 방법으로 짝꿍 매매도 자주 진행하곤 했다.

두 종목의 일봉 차트를 보면 특징이 있는데, 바로 상한가를 자주 들어갔고, 상한가 다음 날에는 갭이 크게 뜨는 날이 많았다는 점이다.

대장주인 신성델타테크의 경우 8월의 22거래일 중에 무려 6일을 상한가로 마감했고, 그중 5일은 다음 날 갭이 크게 나왔다. 심지어 다음 날 갭이 30%로 시작하는 쩜상한가도 두 번이나 있었다. 서남도 비슷하게 상한가로 마감한 날과 다음 날 갭이 크게 뜨는 날이 많았다. 이런 모습을 일찍부터 캐치한 트레이더들은 이 초전도체 테마에서 상한가에 들어가려는 종목을 평소보다 더 적극적으로 매매했다. 그로 인해 큰 수익을 낸 트레이더들이 많이 부각되면서 더 많은 사람이 초전도체 테마에서 상따 매매를 노리게 되었던 것이다.

이러한 현상으로 8월은 테마주 매매, 그중에서도 테마주 상따 매매가 트렌드가 되었다. 이런 시장 분위기로 8월에는 새로운 테마가 생기고 관련주가 부각되면서 대장주와 후속주들이 생기면, 높은 확률로 대장주는 상한가에 들어가고 다음 날 갭도 많이 나오는 모습을 보였다. 이러한 트렌드를 일찍부터 느끼고 새로운 테마의 대장주가 상한가를

그림 6-6. 8월 18일 맥신 테마의 대장주로 부각된 휴비스 상한가에 도달 후
다음 날 쩜상(+30%)으로 시작한 모습

들어가려 할 때 상따 매매를 시도했던 사람들은 대부분 큰 수익을 낼
수 있었을 것이다.

테마주 매매 사례 2

테마주에서 상따 매매가 트렌드가 되면 당연히 짝꿍 매매도 수익을
낼 확률이 높아진다. 내가 짝꿍 매매를 할 때 가장 좋아하는 구간이 바
로 대장주가 상한가를 가는 순간이다. 그런데 상따가 트렌드가 되어
더 많은 사람이 대장주 상따를 노리게 되면 대장주가 상한가에 들어갈
확률이 더 높아진다. 그리고 짝꿍 매매로 접근한다면 대장주에 이어
수익을 낼 확률이 같이 높아지기 때문이다.

그림 6-7. 8월 8일 초전도체 테마 대장주인 신성델타테크가
장이 시작하자마자 상한가로 달려가는 모습

**그림 6-8. 대장주인 신성델타테크가 상한가로 달려가는 것을 보고
후속주인 서남을 짝꿍 매매한 모습**

테마주 매매 사례 3

　테마주는 변동성이 매우 커서 급등할 때를 잘 노리면 정말 큰 수익을 낼 수 있다. 하지만 반대로 크게 급등한 만큼 크게 급락하기도 하므로 늘 이에 대비하여 매매해야 한다.

　그림 6-9는 신성델타테크가 상한가에서 -21%까지 하락한 것을 보여주는 10분봉 차트다. 테마주는 이렇게 1시간 만에 고점 대비 40%씩 급락하기도 하는 등 하락할 때의 변동성도 어마어마하다. 하지만 급락한 후에도 한 번씩 시원하게 반등이 나와주기도 하는데, 이런 반등을 잘

그림 6-9. 신성델타테크 -21% 10분봉 차트

노려서 매매한다면 큰 수익을 노릴 수도 있다.

대장주인 신성델타테크가 급락이 나올 때 후속주인 서남도 비슷하게 급락이 나왔다(그림 6-10). 중간에 신성델타테크가 20분 동안 저점 대비 약 20%를 반등한 구간이 있다. 그런 구간에서는 당연히 후속주도 함께 크게 반등할 확률이 높다. 때문에 그 지점을 노리고 신성델타테크를 보면서 반등이 나오는 듯할 때마다 서남을 매매했다. 그러나 언제 또 반등을 멈추고 급락할지 모르기 때문에 손절을 정말 짧게 할 각오로 매매했다. 대장주가 반등을 하다가 멈칫하는 모습을 보일 때마다 후속주도 짧게 손절해서 손실은 조금만 보고, 수익은 크게 낸 덕분에 큰 수익으로 매매를 마무리할 수 있었다.

그림 6-10. 8월 8일 서남 10분봉 일지 차트

이렇듯 테마주 장세에서는 테마의 대장주가 상한가에 잘 도달해주고, 다음 날 갭도 크게 떠주는 모습이 반복된다면 대장주 상따 매매가 트렌드가 된다. 상따 매매뿐만 아니라 관련된 매매들도 모두 수익을 낼 확률이 높아진다.

또 다른 매매가 트렌드가 될 수도 있다. 만약 테마주 장세에서 종가 베팅을 하는데 시간외 단일가에 크게 올라가고, 다음 날 아침에는 시간외 단일가보다 더 크게 상승하는 모습이 계속 반복된다면, 테마주 종가 베팅과 시간외 단일가 매매가 트렌드가 될 것이다.

시장의 분위기를 파악하고 최근 어떤 매매가 수익을 잘 주는지를 파악하면 트렌드를 일찍 눈치챌 수 있다. 그리고 그에 맞는 매매를 위주로 트레이딩을 한다면 평소에 비해 더 큰 수익을 낼 수 있을 것이다.

27

대 형 주
장 세

대형주의 움직임

대형주 장세란 시가총액이 매우 큰 대형주들이 돌아가면서 크게 상승하여 지수와 함께 긴 텀으로 올라가는 장세이다. 2020년 말에 코로나19 폭락을 거의 회복해냈을 때쯤, 코스피 지수가 신고가를 갱신하면서부터 삼성전자를 비롯한 거의 모든 대형주가 돌아가며 엄청나게 상승했다.

이런 시장에서는 시가총액이 수십조 원이 넘는 큰 종목들이 상한가를 가기도 하는 등 대형주들에서 어마어마한 거래대금이 터지며 많은 수급이 몰리기도 한다. 이럴 때 수급이 몰리는 대형주들을 직접 돌파매매하거나 데이트레이딩, 상따 매매, 단기 스윙 매매 등을 시도해볼 수 있다. 그리고 대형주의 상승에 영향을 받아 올라가는 다른 종목들을 후속주 매매의 관점으로 접근해볼 수도 있다.

그림 6-11. LG전자 일봉 차트

2020년 12월 23일 LG전자가 상한가를 가고, 한 달 만에 주가가 2배 가까이 상승했다(그림 6-11). LG전자는 코스피에서 시가총액 상위 20위 안에 들어갈 정도로 큰 회사인데 이런 종목이 상한가에 들어갔다는 건 그때 당시에도 상상하기 힘들 정도로 어마어마한 일이었다. 이런 역사적인 일이 터졌으니 시장에서는 '대형주는 변동성이 약하다, 대형주가 크게 올라가는 경우는 거의 없다' 등의 편견이 깨져 버렸다. 그리고 대형주에 수급이 조금이라도 몰리면 사람들의 관심이 집중되는 현상이 나타나게 되었다.

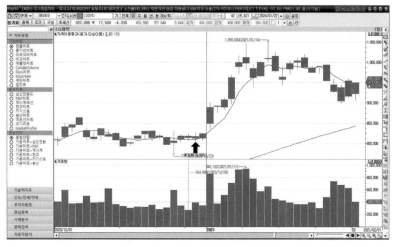

그림 6-12. LG화학(위)과 SK이노베이션(아래) 일봉 차트

몇 거래일 뒤에는 LG화학, SK이노베이션과 같은 배터리 관련 대형 주들이 하루에 10~20% 이상 상승하는 모습을 보였다(그림 6-12). 또 몇 거래일 뒤에는 현대차가 애플카 관련 뉴스를 띄우고 하루 만에 25%까지 급등한 후 다음 날도 17%까지 급등하는 모습을 보였다(그림 6-13).

LG전자의 상한가 이후부터 대형주들이 적당히 상승하며, 심지어 우리나라에서 가장 시가총액이 크고 무거운 종목인 삼성전자마저도 1월 8일 8.5%까지 상승하고, 그다음 날은 9%까지 상승하는 모습을 보여줬다(그림 6-14).

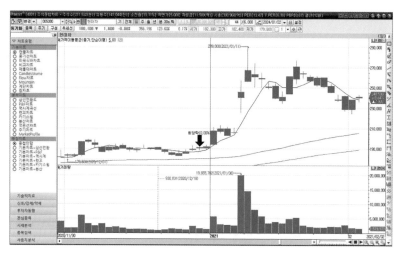

그림 6-13. 현대차 일봉 차트

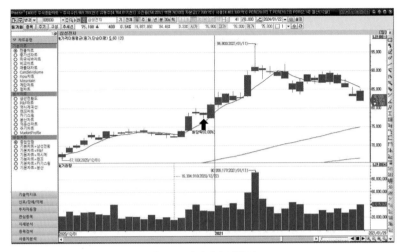

그림 6-14. 삼성전자 일봉 차트

원래 대형주를 매매하지 않았던 사람들조차도 대형주에 관심을 갖게 되었고, 그 결과 평소에 비해 훨씬 더 많은 수급이 몰리며 엄청난 오버슈팅(경제의 각종 가격 변수가 일시적으로 급등 또는 급락하는 현상)이 나왔던 것이다.

이런 식으로 시장에 트렌드가 생겼을 때 남들보다 앞서 트렌드를 파악하여 매매에 이용한 사람은 큰 수익을 낼 수 있다.

대형주 장세 매매법

그렇다면 대형주 장세에서는 어떤 매매를 해야 할까? 이렇게 강력한 장세가 생기고 트렌드가 생겼을 때는 보통 거래대금도 어마어마하게 터지는 경우가 많기 때문에 대부분의 매매에서 수익을 볼 확률이 높다.

LG전자가 상한가를 들어가던 날(2020년 12월 23일)을 예로 들어보면(그림 6-11) 이날 LG전자는 92,700원에서 119,500원까지 쭉 상승했는데 그 과정에서 10만 원이라는 중요한 라운드피겨 가격을 넘는 순간에 돌파 매매를 할 수 있다. 또 2018년 3월 22일에 찍었던 고점인 114,500원을 돌파할 때 신고가 돌파 매매를 할 수도 있다. 게다가 상한가에 들어갈 때는 거래량이 매우 크게 터졌는데 이때에는 상따 매매를 하는 것도 수익을 낼 확률이 높다.

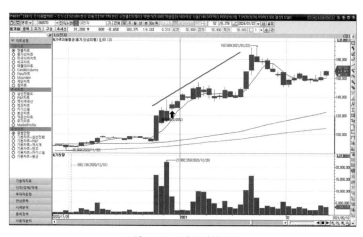

그림 6-11. LG전자 일봉 차트

또 LG전자같이 엄청난 종목이 크게 올라갈 때는 절대로 혼자 올라가지 않고, 많은 종목을 데리고 함께 상승한다. 같은 계열사 종목인 LG전자 우선주, LG, LG디스플레이 등이 대표적이다. LG전자를 매매하기 부담스럽다면 LG전자를 기준 종목으로 보고 움직임을 참고하여 다른 LG계열 종목들을 매매해보는 것도 좋다.

대형주 매매 사례

그림 6-15는 내가 실제로 작성했던 매매일지다. 당시 시드가 매우 적었고 대형주 매매 경험도 거의 없었기에 LG전자를 직접 매매하는 것이 부담되었다. 그래서 LG전자는 상따 매매로 조금만 도전하고, 나머지 자리에서는 같은 계열사인 LG전자우, LG, LG우 등을 매매해서 운 좋게 당시 예수금에 비해 엄청난 수익으로 마무리했다.

다른 종목들도 크게 다를 게 없다. SK이노베이션이 20% 이상 급등할 때 SK이노베이션 보통주를 매매해도 되고, SK이노베이션 우선주를 매매할 수도 있다. 현대차가 20% 이상 급등할 때는 현대모비스가 먼저 상한가에 들어가고, 후속주로 현대위아, 현대공업, 현대차 우선주 등이 쫓아간다. 그래서 현대차와 현대모비스의 움직임을 보며 다른 계열사 종목들을 매매하여 큰 수익을 낼 수 있었다(그림 6-16).

[매매일지] lg전자

만쥬 나주다 ♣
2020.12.23. 16:20 조회 850

살다보니 lg전자 상한가를 다보는군요

운좋게 lg전자 이상수급을 일찍 목격해서 우선주를 낮은가격부터 잡아갈수 있었습니다 ㅎ

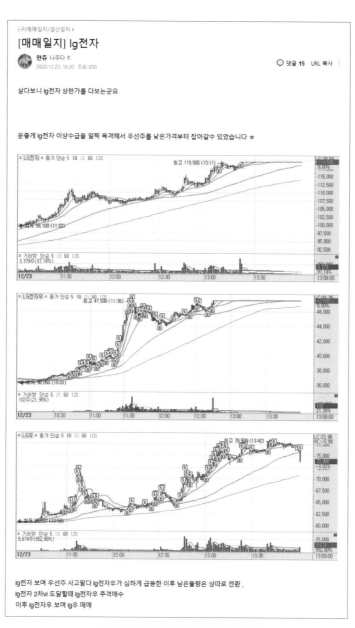

lg전자 보며 우선주 사고팔다 lg전자우가 심하게 급등한 이후 남은물량은 상따로 전환 ,
lg전자 2차vI 도달할때 lg전자우 추격매수
이후 lg전자우 보며 lg우 매매

그림 6-15. 대형주 장세 LG전자 매매일지

277

하지만 트렌드가 끝나가고 시장에 탐욕과 광기가 넘쳐나는 순간이
되면 보통 좋지 않은 결과로 끝을 맺는 경우가 많다. 대형주 장세의 피
날레를 찍었던 삼성전자도 2021년 1월 11일 역대 최고의 가격에서 최
고 거래량이 터졌다(그림 6-17). 이날 개인들의 어마어마한 순매수가 들
어왔다. 당시 주변 사람 중 주식에 전혀 관심이 없던 사람들도 이날 처
음 삼성전자 주식을 사봤다는 얘기를 했다.

그 이후부터 개인들이 계속해서 추가 매수를 하기 시작했고, 주가는
쭉 하락하여 고점 대비 반토막에 가까운 가격까지 빠지게 되었다.

일자	손익	수익률(%)	누적손익
2020/12/23	4,022,747	16.50	4,022,747

그림 6-16. 2020년 2월 23일 대형주 매매 결과

일자	종가	대비	거래량	개인	외국인	기관계	금융투자	투신	보험	은행	연기금 등
2021/01/15	88,000	▼ 1,700	33,431,809	661,609	-247,945	-440,769	-231,744	-34,856	-18,527	821	-150,636
2021/01/14	89,700	▼	26,393,970	288,414	244,537	-523,892	-256,630	-56,249	-25,737	-1,141	-182,773
2021/01/13	89,700	▼ 900	36,068,848	413,206	-261,000	-160,689	80,750	-118,525	-30,669	-3,757	-55,718
2021/01/12	90,600	▼ 400	48,682,416	737,798	-222,159	-526,533	-308,882	-72,427	-36,787	-2,077	-72,415
2021/01/11	91,000	▲ 2,200	90,306,177	1,749,038	-511,035	-1,258,341	-715,638	-113,162	-86,184	-153	-278,053

그림 6-17. 2021년 1월 11일 삼성전자 투자자 매매 추이

장세와 트렌드를 캐치하는 것도 중요하지만 트렌드가 광기와 탐욕
으로 바뀌는 순간을 캐치하는 것도 매우 중요하다. 또한 역사는 반복

되는 경우가 많기 때문에 지나갔던 장세를 다시 한번 되돌아보며 공부해야 한다.

2021년 초의 나는 이런 대형주 장세가 과연 다시 올까 하는 마음이었다. 하지만 2023년 이차전지 섹터에서 에코프로비엠과 포스코홀딩스 등의 대형주들을 필두로 엄청난 대형주 장세가 다시 한번 돌아오지 않았는가. 과거 대형주 장세에서의 시장 흐름을 매매 영상을 돌려보며 공부했기에 2년 만에 돌아온 장세에서 예전 흐름을 기억하며 예전과 비슷한 매매를 할 수 있었다. 더 나아가 예전에는 해보지 못했던 데이트레이딩, 단기 스윙, 심지어 주식선물 숏 베팅까지 접목하여 예전에 비해 어마어마한 수익을 거둘 수 있었다.

28

기 타
장 세

모든 흐름에는 이유가 있다

이 외에도 여러 가지 장세가 있다. 실적 시즌이 왔을 때 실적이 좋은 종목들에서 큰 슈팅이 자주 나오는 실적 장세도 있고, 종목 이름 뒤에 〈우〉 자가 붙은 우선주들이 이유 없이 크게 급등하는 우선주 장세도 있다. 또 많은 종목이 무상증자를 할 때 무상증자 하는 종목마다 평소보다 더 크게 상승하는 무상증자 장세, 그리고 신규주 종목이 많을 때 신규상장 하는 종목마다 큰 상승이 나오는 신규주 장세도 있다.

1. 무상증자 장세

이런 식으로 ○○장세가 오고 그에 맞춰 트렌드가 생기는데는 보통 그렇게 된 계기가 있다. 대형주 장세에서는 LG전자의 상한가가 계기가 되었고, 무상증자 장세는 HLB바이오스텝(구 노터스)라는 종목이 1 대 8 무상증자를 하여 권리락 이후 6연상을 가는 모습이 계기가 되어 무상증자 하는 종목마다 크게 급등하는 모습이 많이 나왔다(그림 6-18).

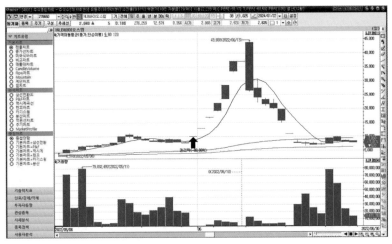

그림 6-18. 무상증자 장세 HLB바이오스텝(구 노터스)의 일봉 차트

2. 신규주 장세

그리고 신규주 같은 경우 상장한 첫날 최대 300%까지 상승하기도 하는데, 2023년 11월부터 평소에 비해 훨씬 많은 종목이 신규상장을 하게 되면서 크게 급등하는 종목이 많이 생겼다. 그러면서 조금씩 신규주 매매가 트렌드가 되는 듯한 모습을 보였다. 그러다가 결정적으로 처음 등락률 300%의 상한가를 도달하는 종목이 나오면서 신규주 장세가 확실한 트렌드를 넘어 광기의 분위기까지 가게 된다.

케이엔에스라는 종목이 200%라는 등락률에서 시작하여 큰 변동성
을 가지고 조금씩 하락하다가 58,400원이라는 저점을 찍고 갑작스럽
게 엄청난 상승을 하기 시작했다. 그러더니 장이 끝나기 전, 30분 만에
약 60% 상승하면서 92,000원의 상한가까지 도달했다. 그리고 다음 날
18%의 갭이 뜨고 119,600원의 상한가까지도 달려가는 엄청난 모습을
보여줬다(그림 6-19).

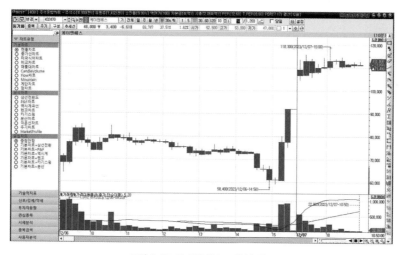

그림 6-19. 케이엔에스 10분봉 차트

케이엔에스 다음 타자로 상장한 LS머트리얼즈 또한 시가총액이 매
우 큰데도 불구하고 상장한 당일 300%까지 도달하여 상한가로 마감하

였고, 심지어 다음 날도 상한가로 마감한 후 그다음 날 아침에는 18%의 갭이 떠주었다(그림 6-20).

그림 6-20. LS머트리얼즈의 10분봉 차트

이후에 DS단석, 한빛레이저라는 종목들도 상장 당일에 상한가로 마감했다(그림 6-21). 다음 날 갭도 각각 17%, 18%씩 매우 크게 떠준 덕분에 매매하여 큰 수익을 낼 수 있었다.

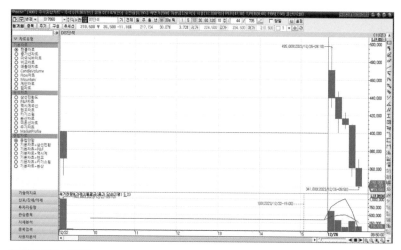

그림 6-21. DS단석(위)와 한빛레이저(아래)의 10분봉 차트

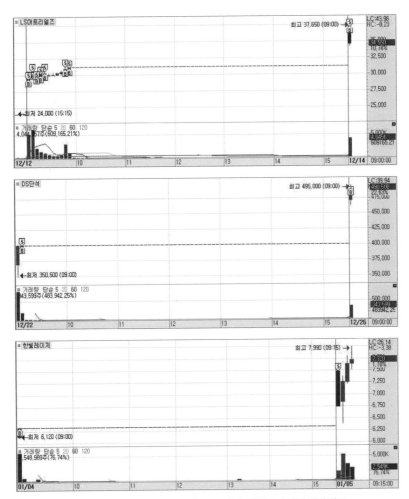

그림 6-22. 차례로 LS머트리얼즈, DS단석, 한빛레이저의 매매 차트

이렇듯 장세를 파악하고 트렌드를 빠르게 읽는 것이 그 어떤 매매 기법을 익히는 것보다 훨씬 중요하다고 생각한다. 아무리 확률 높은 매매 기법을 가지고 있어도 시장을 볼 줄 모르면 절대로 수익을 낼 수 없다. 반면 엄청난 매매 기법이 없어도 시장을 볼 줄 알고 트렌드를 읽는 능력이 있으면 어떤 매매를 하더라도 수익을 낼 확률이 높다.

시장을 보고 트렌드를 읽는 것이 생소하게 느껴질 수도 있을 것이다. 나는 앞에서 설명했던 기법보다, 그리고 그보다 중요하다고 했던 심리보다 시장을 보는 눈이 트레이딩을 잘하기 위해서 매우 중요하다고 생각한다. 그러니 기법과 심리적인 부분을 공부하면서도 꼭 시장에 대해서도 공부를 했으면 좋겠다.

트레이더를 꿈꾸는
당신에게

29

꾸 준 한

수 익 이

곧 실 력

화려한 모습 속 씁쓸한 이면

성공한 트레이더를 겉에서 봤을 때는 정말 화려하다. 멀리서 보면 마우스 클릭의 반복을 통해 일반 직장인들이 받는 월급으로는 도저히 벌 수 없을 정도의 돈을 쉽게 버는 것처럼 보인다. 나 또한 마우스 클릭 한 번으로 짧은 시간에 많게는 수천만 원의 수익을 낸다. 단순히 이 모습만 본다면 어떤 사람이라도 트레이더가 되고 싶을 것이다. 하지만 이런 화려함 뒤에는 많은 고단함이 감춰져 있다.

먼저 매월 꾸준한 수익을 내는 트레이더가 되는 것 자체가 100명 중 1명이 가능할까 싶을 정도로 어렵다. 앞에서 내가 했던 많은 노력에 대해 얘기했는데, 그런 노력조차 하지 않고 트레이더를 꿈꾸는 사람들이 많다. 하지만 그 이상의 노력을 하는 사람 중에서도 꾸준히 수익을 내는 트레이더로 성장할 수 있는 사람은 아마 10명 중 1명 정도일 것이다. 그만큼 트레이더로 살아남기가 힘들다.

트레이딩을 하다가 조금씩 유명해지고 여러 SNS에 나오기 시작했을 때쯤 실전투자대회에서 입상하거나 그 해에 괜찮은 수익을 낸 트레이더분들을 많이 만나 봤다. 그중에는 나와 경력이 비슷한 분들도 있었지만 나보다 오래된 분들이 대부분이었다. 그분들의 공통점은 이전에는 어땠는지 모르지만 2021년 상승장에서 꾸준히 큰 수익을 냈다는 점이었다.

내가 제일 어렸기에 그분들을 선배님이라 부르며 트레이딩에 관한 견해를 여쭤보고 이런저런 얘기를 나누었다. 그리고 그중에서는 나와 1년 넘게 연락을 이어가던 분들도 있었고, 나와 연락을 하진 않았지만 간간히 대회에서 입상했다거나, 어느 달에 큰 수익을 냈다는 소식이 들려오는 분들도 있었다.

그리고 다음 해인 2022년, 정말 길고도 지루한 하락장이 왔다. 나도 처음 몇 개월을 제외하고는 수익을 거의 내지 못하면서 힘든 한 해를 보냈다. 2022년이 지나갈 때쯤 가끔 연락하던 트레이더 중 한 분이 이번 하락장에 전 재산을 모두 잃어서 트레이딩을 그만두고 직장에 들어갔다는 소식을 들었다. 그리고 2022년도 끝나고 2023년이 왔을 때는 나와 얘기를 나눴던 선배님들 중 트레이딩을 그만두었다는 분들이 더 생겼고, 그 외에 다른 분들의 소식은 거의 들리지 않게 되었다.

생활비 깡통의 두려움

내가 생각하기에 트레이더로 오래 살아남기 힘든 이유는 처음 수익을 내는 것이 어려워서가 아니다. 물론 처음 1년 정도 꾸준히 수익 낼 수 있는 실력을 기르는 것이 쉬운 일이 아니지만, 시장이 좋을 때 그 정도 해내는 사람은 수두룩하다. 하지만 그보다 더 어려운 것은 시장이 좋을 때 냈던 수익을 시장이 좋지 않을 때 지켜내는 것이다. 더 나아가 시장이 좋을 때는 10의 수익을, 좋지 않을 때는 1~2의 수익을 꾸준히 내는 것이 가장 어렵다.

좋을 때 많이 벌었으면 안 좋을 때는 조금 잃어도 되는 것 아니냐고 생각할 수도 있다. 하지만 꾸준히 들어오는 월급이 없는 전업 트레이더는 한 달 동안 수익을 내지 못하면 그달은 가계에 적자가 난다. 비록 잃지 않았다고 해도 말이다.

이것은 트레이딩을 하는 데 생각보다 심리적으로 큰 영향을 준다. 가령 매월 꾸준히 1,000만 원을 벌던 사람이 있다고 하자. 지난 달에 시장이 좋아서 3,000만 원의 수익을 냈지만 다음 달에 2,000만 원을 날렸다고 하면, 지난달에 번 것 중에 1,000만 원은 남아 있으니 괜찮은 것이 아닌가 하고 생각할 수 있다. 하지만 이미 매월 꾸준히 1,000만 원씩 수익을 내던 사람이기에 그에 맞는 생활비를 지출하고 있을 것이다. 그런데 마지막 두 달을 합쳐서 1,000만 원을 벌게 된 것이므로 생활비는 동일하니 가계에 적자가 나게 되는 것이다. 이는 필연적으로 다음 달 매매에 조급함이라는 감정을 부른다.

혹시 어쩌다 한 달 수익이 평소보다 많아 그 수익에 취해서 씀씀이가 더 커졌다면, 이는 손실이 났을 때 매우 치명적이다. 만약 이런 상황이 몇 번 더 반복된다면 조금씩 멘탈이 무너지게 될 것이다. 그리고 이 트레이더는 수익을 내는 달이 더 많아서 1년 누적수익으로는 흑자임에도 불구하고 생활비로 인해 깡통을 차게 될 수 있다. 이게 바로 전업 트레이더에게 가장 무서운 생활비 깡통이다.

전업 트레이더라면 웬만해서는 월 기준 손실이 발생해서는 안 된다. 적은 금액이라도 매월 꾸준히 수익을 내는 것, 혹은 1년에 1~2번 정도 월 기준 손실이 난다고 해도 그 손실이 다른 달 수익에 비해 훨씬 적어야 한다는 점 등이 전업 트레이더로서 꾸준히 살아남기 위한 필수 조건이다.

30

전 업

트레이더에게

필요한 것

한 번 더 생각해보기

"전업 트레이더가 되려면 어떤 것들을 준비해야 하나요?"

주변에 트레이딩을 시작한 지 얼마 안 되었거나, 투자에 관심을 가지기 시작한 사람들에게 가장 많이 들었던 질문 중 하나다. 나는 솔직하게 웬만하면 전업 트레이더는 하지 말라고 얘기한다. 분명히 모두에게 투자는 필수라고 얘기하면서도 말이다.

그 이유는 내가 전업 트레이더로 마주했던 현실들, 자신감 넘치던 수많은 트레이더의 소식이 끊기고, 수익을 내지 못해 매월 나가는 생활비로 힘들어하던 분들을 보며 느꼈던 나의 감정들, 그리고 트레이딩을 하며 큰 손실을 보거나, 연속적으로 손실을 볼 때의 자괴감, 심지어 수익을 내면서도 그 과정에서 받았던 엄청난 스트레스 등까지⋯ 이 일에 회의감을 느끼는 날들이 많았기 때문이다.

5년이라는 시간 동안 여러 일을 겪으면서 이런 힘듦에 익숙해진 듯하면서도 가끔 너무 버거울 때가 있다. 그런데 심지어 10년 이상의 경력을 지닌 선배들이 지금까지 내가 겪은 것은 아무것도 아니라고, 분명히 더 큰 일들도 많이 일어날 것이니 그때 잘 버텨야 한다고 조언해주실 때는 당장이라도 트레이딩을 그만두고 싶은 마음이 생기기도 한다. 그래서 주변 사람들이 전업 트레이더가 되겠다고 하면 만류하는 편이다. 하지만 애초에 전업 트레이더를 하려고 마음먹은 분들이 내가 만류한다고 해서 포기하는 경우는 거의 없다. 그렇기에 나는 그분들이 성공할 수 있는 확률을 조금이라도 더 높이는 데 도움을 주고 싶다.

최소한의 생활비

만약 현재 직장에 다니고 있는 분들이라면 되도록 직장생활을 하면서 소액으로 트레이딩에 도전하고, 반년 이상 꾸준히 수익이 났을 때 비로소 전업 트레이더로의 전향을 고민하는 것이 좋겠다. 그럼에도 불구하고 일단 전업 트레이더의 세계에 빠져 보고 싶다면 트레이딩을 할 수 있는 시드가 필수적으로 마련되어야 한다. 대출을 받아서 트레이딩을 시작하는 것은 겨우 10%가 될까 말까 한 승률을 1% 미만으로 낮추어 버리는 행위이다. 최소 2년 치의 생활비를 충당할 수 있는 여유자금이나 생활비만큼의 꾸준한 월급, 이 두 가지 중 하나는 반드시 필요하다. 그 이유는 앞에서도 계속 얘기한 내용이다.

거의 모든 사람이 처음 트레이딩을 할 때는 손실을 본다. 이는 예외적인 몇몇을 빼고는 모두에게 공통적으로 통하는 사실이다. 설마 나는 다르겠지라고 생각하고 있다면, 그 생각은 버리는 것이 좋다. 그렇기에 처음 트레이딩하며 발생할 수 있는 손실을 버틸 수 있는 여유자금이나 꾸준히 들어오는 월급이 필요한 것이다.

하루라도 빨리 시작하고 싶다면 소액의 시드만큼은 마련해 놓고 장중에는 매매, 장이 끝나고는 아르바이트 등을 해서 생활비와 트레이딩 손실을 충당했으면 좋겠다.

실제로 내가 만나뵌 분 중에는 밤에 대리운전을 하는 분, 새벽에 수산시장에서 근무하고 오전에 매매 후, 장이 끝나면 잠을 자는 생활을 하는 분도 계셨다. 대출을 받아서 투자하거나 여유자금이나 꾸준한 수익이 없어서 생활비에 쫓기며 트레이딩하는 사람들보다 이런 분들이 주식투자에서 성공할 수 있는 확률이 훨씬 높다고 생각한다.

직업: 전업 트레이더

전업 트레이더라는 직업은 생각보다 많이 무시당하기도 한다. 어르신 중에 주식투자, 그중에 단기 트레이딩을 한다고 말씀드리면 나를 도박꾼으로 보고 걱정하는 분들도 간혹 있다. 또한 사회적으로 인정받기도 쉽지 않다. 당장 은행에 가서 대출을 받으려고 해도 트레이딩으로 낸 수익은 소득으로 인정되지 않아 대출 받는 것도 힘들다. 매월 꾸준히 수천만 원 이상을 버는데도 말이다.

이 말인즉 전업 트레이더는 사회적으로 봤을 때 백수에 가깝다는 얘기다. 다른 직업들은 소득의 차이는 있어도 최소한 돈을 잃지는 않는다. 반면 트레이더는 큰돈을 쉽게 잃을 수도 있기에 대출 기준에 대한 이런 사회적 시스템이 당연하다고 생각한다. 그리고 매월 수익을 내지 못하거나 손실이 더 큰 경우는 트레이더를 직업이라고 하기 어렵다.

어쩌다 트레이딩으로 1,000억 원 이상의 자산을 이룬 유명한 트레이더의 강연회를 갔는데 이런 말씀을 하셨다.

"월 1,000만 원 이상 벌지 못하는 전업 트레이더는 사실상 백수입니다."

그 말을 듣고 의아해하는 분도 있었지만 나는 완벽하게 공감했다. 아무리 실력 좋은 트레이더라고 해도 절대 한 번도 손실을 보지 않을 수는 없다. 대부분의 상위권 트레이더도 1년에 1~2개월 정도는 손실이 나곤 한다. 그렇기에 이때의 손실로 생활에 타격을 입지 않으려면 매월 1,000만 원 이상은 벌어서 어느 정도 생활비를 하고 나머지는 손실 보는 달을 대비하여 따로 빼놓아야 한다.

이렇게 해야만 손실을 보더라도 여유자금을 통해 이전 달과 비슷한 생활수준을 유지하고, 다음 달에 조급함 없이 평소와 같은 마음으로 트레이딩할 수 있기 때문이다. 아마 이런 점 때문에 월 1,000만 원 이하

수익의 전업 트레이더는 백수라고 말씀하신 것이 아닐까. 어떻게 보면 냉정하고 잔인하게 들릴 수 있지만 트레이더라는 직업이 그만큼 위험하기 때문에 이렇게 얘기할 수밖에 없다. 매월 꾸준히 1,000만 원 이상 벌 자신이 없다면 전업은 시작도 하지 말라고.

31

잃는 것부터

훈련하라

많이 맞아 봐야 때릴 줄도 안다

복싱 같은 격투기 운동을 맨 처음 배우러 가면 우선 맞는 것부터 배운다고 한다. 그래야 맷집이 생기고, 맞는 게 익숙해져야 덜 아프게 맞을 수 있다는 것이다. 그리고 맞는 것을 무서워하면 제대로 때릴 수 없기 때문이기도 하다.

주식도 마찬가지다. 주식으로 수익을 내기 위해서는 일단 손실을 볼 준비가 되어 있어야 한다. 그리고 손실을 보더라도 덜 아프게 손실을 봐야 한다. 더 나아가 손실에 무너지지 않고 일어나서 강력한 한 방을 날릴 줄 알아야 한다.

주식투자를 하는 많은 사람이 이렇게 얘기한다. 손실 보는 것이 너무나도 싫다고. 이런 사람들은 주식이 오를 때까지 절대 매도하지 않는 장기 투자만 해야 한다. 단기 트레이딩을 할 때 손실을 맞지 않는 것은 말이 안 되기 때문이다. 단기 트레이딩은 확률적으로 조금이라도 수익을 낼 확률이 높다고 판단될 때 매수하고, 만약 주가가 뜻하던 대로 흘러가지 않으면 빠른 손절을 필수적으로 해야 한다.

처음 정했던 손절 기준을 벗어나는 순간, 손실액이 걷잡을 수 없이 커져 애써 이뤄 놓은 손익비를 무너뜨리는 경우가 많다. 그리고 손절하지 않고 종목을 보유함으로써 다른 종목을 매매할 수 있는 기회를 날려 버릴 수도 있다. 그렇기에 단기 트레이딩을 시작하려고 한다면 일단 손절부터 연습해야 한다.

손절도 해봐야 는다

이제 막 트레이딩을 시작했다면 굳이 일부러 손절하려고 하지 않아도 대부분 매매의 결과가 손절일 것이다. '그러면 여기에서 손절하고 끝!' 이렇게 하면 더 이상 발전이 없다. 나는 처음 트레이딩을 시작했을 때 종목을 매수하고 생각했던 대로 흘러가지 않아 손절했다면 그때의 매수와 매도 이유를 다시 한번 생각해보고, 이후의 결과를 보며 어느 포인트에서 문제가 있었는지 고민했다. 매수 자리와 손절 자리, 그때의 시장 상태 등 어떤 부분에서 내 생각과 달라졌는지 녹화해둔 매매 영상을 돌려보면서 말이다. 이렇게 하다 보면 처음에는 확실한 이유를 가지고 확신이 가득찬 자리에서 매수했다고 생각했을지라도 이후에 돌려봤을 땐 말도 안 되는 자리에서 매매를 시작했던 내 모습을 볼 수 있다.

손절도 비슷하다. 처음 트레이딩을 시작했을 때는 나름의 손절 기준을 정하는 것도 힘들었지만 어찌저찌 손절 기준을 정립했다. 그 기준을 생각하고 매수한 후 손절해야 할 상황이 왔음에도 매도 버튼에 손이 나가지 않는 경우가 허다했다. 그러다 보니 2%대로 손실을 보고 말 종목을 5%, 10%까지 확대되고 나서야 그제야 감정적으로 손실 확정을 하고, 이후 주가가 반등하는 모습을 보며 멘붕이 오는 상황을 반복하곤 했다.

그럼에도 계속하여 손절을 반복하다 보니 조금씩 손절에 대한 감이 오기 시작했다. 그리고 그 자리에서 손절 원칙을 지키지 않는다면 그 다음에 어떤 참사가 벌어질지가 예상되기 시작했다. 가령 이 주가가 깨질 때 내가 빠르게 손절하지 않는다면, 혹은 대장주의 상한가가 풀릴 때 매매한 후속주를 빠르게 손절하지 않는다면 지금의 손실보다 2배, 3배 이상의 손실을 맛보게 될 것이라는 느낌 말이다.

그렇게 계속 손절하는 연습을 하다 보니 지키지 않으면 손실이 심각하게 불어날 수 있는 매도 기준을 잡을 수 있게 되었다.

내가 트레이딩을 하며 많이 들은 얘기 중 하나가 '칼 손절을 귀신같이 잘한다'였다. 그런 얘기를 들을 수 있을 정도로 손절을 칼같이 할 수 있게 된 데는 기준을 지키지 않았을 때 맛본 수많은 치명적인 손실과 그때의 바보 같은 매매를 녹화하여 계속 돌려봄으로써 절대로 같은 실수를 반복하지 않겠다는 독한 마음가짐 덕이다.

단기 트레이딩을 시작한 지 얼마 안 된 분들이나 혹은 어느 정도 경력이 되었지만 손절이 쉽지 않은 분들은 일단 맞는 것부터 훈련해보자. 여러 번 맞으면서 무너지면 바로 손절해야 하는 위험한 자리를 캐치하고, 그 자리에서 손절 약속을 지키지 않았을 때 어떤 손실을 맛보게 되는지 직접 경험해봐야 한다. 이를 계속 돌려본다면 아마 나 같은 기계적인 손절을 할 수 있을 것이라고 생각한다.

손절할 각오

가끔 어떤 분들은 수익을 내고 싶은 열망은 너무나도 큰 반면, 손실을 볼 거라는 생각은 절대 하지 않는다. 어쩌다 손실을 보게 되면 본인의 잘못된 판단을 인정하지 못하고 물타기를 하거나, 무작정 버티는 등 잘못된 행위를 하곤 한다. 그렇게 손절 기준을 이미 한참 벗어난 종목에 얽매여서 다른 종목을 트레이딩할 수 있는 기회조차 모두 걷어차 버리고, 결국 오랫동안 공부했던 트레이딩을 망친다면 너무 아깝지 않은가?

단기 트레이딩으로 5%, 10%씩 수익을 내고 싶다면 그만큼 손실을 볼 각오를 하고 트레이딩을 해야 한다. 나는 매매를 시작할 때 늘 얼마만큼의 손실을 각오할 것인지 먼저 생각한다. 가령 상따 매매를 진행하려고 한다면 '이 종목은 상한가를 잘 묶고 풀리지 않는다면 다음 날약 10% 수익을 노려볼 만하다. 그리고 그 수익을 얻기 위해 나는 3%정도 손실을 감수하겠다.' 이렇게 다짐한 후 이 종목이 상한가에 들어가려는 순간 매수를 진행한다. 혹시 상한가를 묶지 못하고 바로 급락이 나오면 보통은 -1%, 가끔 급락이 너무 크게 나온다고 해도 -3% 내외에서 모두 손절 처리를 한다.

트레이딩을 할 때 손절할 각오 없이 수익을 바란다면 이는 욕심이고자만일 뿐이다.

32

레 버 리 지 는

어 떻 게

사용해야 할까?

미수와 신용의 차이

"미수나 신용을 쓰는 것이 옳은가?"

아마 주식을 하는 사람들이 가장 답을 하기 어려운 질문일 것이다. 나도 트레이딩을 할 때 미수를 사용하기는 하지만 이제 막 트레이딩을 시작한 초보 트레이더들에게 미수나 신용을 쓰라고 쉽게 말하지는 못한다.

미수는 증권사에 외상 처리를 하고 내가 가진 금액보다 2~5배까지 더 많이 주식을 산 뒤, 3일 안에 주식을 매도하여 갚는 방식이다. 신용 매매도 비슷하게 증권사에게 돈을 빌려 가진 예수금보다 더 많이 주식을 매수하는 것이다. 그런데 미수 거래처럼 3일 안에 매도해야 하는 것이 아닌, 종목에 따라 1개월에서 길게는 6개월 이상까지도 가능하다. 나는 이 둘을 통틀어서 레버리지라고 말한다.

매매를 하면서 가끔씩 어마어마하게 확신이 드는 자리가 나올 때 나는 주저하지 않고 레버리지를 사용하여 수익률을 극대화하는 편이다. 레버리지를 활용하면 내가 매수할 수 있는 금액보다 훨씬 큰 금액을 매수하는 것이므로 매매가 잘 풀린다면 매우 큰 수익을 낼 수 있다. 하지만 반대로 매매가 꼬인다면 엄청난 손실을 볼 수도 있다.

처음 트레이딩을 시작했을 때 겁도 없이 미수를 사용하여 계좌에 100만 원밖에 없었음에도 종목에 따라 300만 원, 500만 원씩 매수하곤 했다. 그러다 보니 정말 눈 깜짝할 사이에 손실이 불어났고, 두 달도 안 되는 기간 동안 3번이 넘는 깡통을 경험했다. 그래서 초반에는 미수를 쓰지 말아야겠다고 생각하기도 했다. 하지만 아무리 다짐해도 막상 매매를 하다 확신이 드는 자리가 생기면 다시 미수를 사용하여 베팅을 하곤 했다.

그러다 보니 그냥 미수 자체를 막지 말고 어차피 미수를 사용할 것이라면 정말 확신이 드는 순간에만 사용하기로 나와 약속했다. 이후 이 약속은 나의 트레이딩 손익비에도 꽤 큰 영향을 주었고, 지금도 레버리지를 사용하며 매매하고 있다.

레버리지 사용법

레버리지를 사용해도 되는 순간과 사용하면 안 되는 순간에 대해 조금 더 얘기를 해보자면 일단 어떤 매매를 주력으로 하는지 먼저 생각해 봐야 한다. 만약 나처럼 짝꿍 매매 같은 초단타 매매를 주력으로 하는 트레이더라면 짝꿍 매매나 돌파 매매를 할 때 확신이 드는 순간에 레버리지를 사용한다. 그리고 수익이든 손실이든 빠르게 매매를 끝마치면 된다.

그런데 만약 초단타 매매를 주력으로 하는 트레이더가 하루 이상 들고 가려는 종목에 레버리지를 사용하여 비중을 올인해 버린다면 어떻게 될까? 이것은 종목이 올라가고 내려가는 게 중요한 것이 아니라, 그 종목에 모든 비중이 들어감으로써 주력 매매인 초단타 매매를 하지 못하게 되는 것이 문제가 된다. 만약 들고 가는 종목이 단타 매매의 기회비용을 넘어설 정도로 확신이 있는 종목이라면 가능할 수도 있겠지만, 그런 경우는 아마 거의 없을 것이다.

단타 매매에서 확률 높은 자리가 나왔음에도 불구하고 이 종목에 모든 레버리지를 써버렸기 때문에 그 자리를 놓치게 된다면, 그리고 만약 레버리지를 사용하여 들고 간 종목마저 좋지 않은 결과로 트레이딩을 마치게 된다면 이제는 손실이 문제가 아니라 멘탈에 어마어마한 악영향을 미칠 것이다. 이런 작은 한방이 실력 있는 트레이더를 한순간에 몰락의 길로 밀어 버릴 수 있다는 점을 꼭 명심했으면 좋겠다.

그렇다면 초단타 매매가 아닌 짧으면 하루, 길면 일주일까지 종목을 끌고 가는 매매를 주력으로 하는 트레이더라면 레버리지를 어떻게 사용해야 할까? 이때는 시장 상황을 함께 보고 판단하는 것이 좋다. 확신이 드는 종목을 찾아서 최대 일주일까지 단기 스윙 매매를 진행하려고 한다면 시장 상황을 먼저 본다. 만약 지수가 계속해서 하락 추세에 있다면 이 종목 또한 재료가 좋을지라도 지수 하락으로 인해 원했던 좋은 모습이 나오지 않을 가능성이 크니 이때에는 레버리지를 최소화하여 매매하는 것이 좋다. 만약 확신이 드는 종목이 있고, 지수도 안정적이거나 상승세를 이어가고 있다면 이때는 신용 매매를 이용해 더 큰 수익을 노려보는 것도 좋은 방법이라고 생각한다. 물론 더 큰 수익을 노렸으니 그만큼의 손실도 각오해야 한다.

이렇게 얘기를 했지만 아직도 미수나 신용 같은 레버리지가 좋다, 나쁘다를 확실하게 답하기는 어렵다. 하지만 이것만은 분명히 말할 수 있다. 매매를 할 때 레버리지는 잘못이 없고 그 책임은 오로지 트레이더 본인에게 있다는 사실이다. 이 점을 꼭 기억하고 레버리지를 사용할 때 현명한 판단을 했으면 좋겠다.

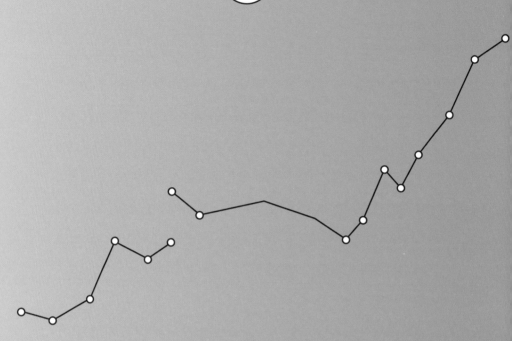

33

주　식　을
잘　하　는
성　　　　격

단타에 어울리는 사람의 특징

트레이딩을 할 때 사람의 성격이 매매에 영향을 미치기도 한다. 매매하는 데 좋은 성격이 있고, 좋지 않은 성격도 있다. 더 나아가 성격에 맞는 매매법도 따로 있다.

일단 단기 트레이딩을 하는 데 가장 좋은 성격은 감정 기복이 크지 않고, 절제를 잘하며, 자신의 잘못을 인정할 줄 아는 사람이다. 감정 기복이 크면 매매가 생각대로 풀리지 않을 때 한 번씩 감정적으로 뇌동 매매를 하게 되는 경우가 많다. 이런 경우는 대부분 큰 손실로 연결된다.

나도 평소에 감정이 전혀 없는 사람은 아니지만 매매할 때만큼은 매매에 감정을 이입하지 않으려고 애쓴다. 매수도 기계처럼, 수익 실현과 손절도 기준점에 왔을 때 기계처럼 하려고 한다. 만약 여기에 감정이 들어가게 된다면 기대했던 수익을 낼 수 있는 상황에서 탐욕으로 인해 모두 날려 버릴 수 있다. 그리고 빠르게 조금만 손절할 수 있는 자리에서 욕심을 부려 큰 손실로 끝나게 될 수도 있다.

단기 트레이딩을 하면서 만약 매매가 생각대로 되지 않는다면 나의 판단이 잘못됐음을 인정하고 칼같이 손절할 수 있는 결단력이 필요하다. 그런데 만약 고집이 매우 세서 자신의 잘못된 판단을 인정하지 못하는 사람이라면 손절해야 하는 자리해서 손절하지 못하여 트레이딩을 모두 망치게 될 수도 있다.

성공한 트레이더들이 가진 것

내가 만난 성공한 트레이더들에게는 한 가지 공통점이 있었는데 모두 매우 겸손했다는 것이다. 그분들께 어떻게 그렇게 오랫동안 큰 수익을 냈냐고 물어보면 대부분 시장이 준 수익이라며, 운이 좋아서 살아남았다고 말씀하신다. 실제로 시장을 이길 수 있는 종목도 없고 시장을 무시하고 매매하여 수익을 낼 수 있는 트레이더도 없다. 때문에 나는 시장에 순응하고 감사할 수 있는 겸손함도 트레이더에게 꼭 필요하다고 생각한다.

반대로 시장이 수익을 준 것이지만 본인의 실력을 과대평가하는 트레이더는 분명 시장이 무너질 때 함께 무너질 것이다. 또한 본인의 잘못을 인정하지 않는 것을 넘어 매매에서 손실이 발생했을 때 남 탓을 하거나, 다른 핑계를 찾는 사람도 트레이딩 실력을 발전시킬 수 없다. 만약 누군가가 종목을 추천했다는 이유로 매매를 했는데 수익이 났다고 해도 그건 잘못된 매매이다. 본인의 관점으로 매매한 것이 아니기 때문이다. 손실을 봤다고 해도 당연히 직접 매매한 본인의 잘못이다. 그 종목을 추천한 사람의 잘못이 아니다.

하지만 잘못을 인정하지 않고 손실이 발생할 때마다 남 탓을 하거나, 장비가 부족하다거나, 예수금이 적어서 그렇다는 등의 말도 안 되는 핑계만을 찾는 사람은 본인이 손실을 낸 진짜 이유를 고민할 리 없다. 그리고 손실의 이유를 찾아 바로잡지도 못할 테니 결국 핑계를 찾고 자기 합리화를 반복하다가 모든 재산을 잃게 될 것이다.

내가 예전에 시험을 보느라 잠깐 휴대폰을 확인하지 못해서 발생했던 5,000만 원의 손실도 시험 탓이 아닌 나의 잘못이었다. 집에서 매매하다가 갑자기 방문한 가스 검침 때문에 발생한 손실도 무조건 나의 탓이다. 자신이 한 매매에서 손실이 발생했다면 어떤 이유에서든 그 손실은 모두 본인의 잘못임을 꼭 기억했으면 좋겠다.

만약 실전투자대회를 염두에 둔다면?

실전투자대회에서의 우승은 많은 트레이더의 로망 중 하나일 거라고 생각합니다. 저도 처음 매매를 시작했을 때 실전투자대회에서 수차례 우승했던 대단한 트레이더분들을 보며 나도 꼭 언젠간 저 자리까지 올라가야지 하는 목표를 세웠던 것이 기억에 남습니다. 그만큼 실전투자대회는 트레이더에게 좋은 동기부여가 될 수 있는 기회라고 생각합니다.

실전투자대회에 참가해서 본인의 예수금 이상 출금하게 되면 대회에서 입상하더라도 규정상 박탈될 수 있습니다. 때문에 보통 대회에 참가하는 분 중 상위권에 있는 분들은 대회가 끝날 때까지 출금을 거의 하지 않습니다. 그러다 보니 만약 수익이 지속적으로 나게 된다면 시드가 크게 늘어날 수 있는데, 이는 아주 무서운 양날의 검으로 작용할 수 있습니다. 만약 시드가 크게 늘어났지만 매매에 흔들림이 없다면 복리의 힘으로 수익금은 계속해서 커질 테지만, 분명 한 번의 흔들림은 있을 것입니다.

가령 100만 원으로 매매를 시작한 사람이 출금 없이 2개월 만에 5,000만 원까지 수익을 냈습니다. 이후 하루 매매를 잘못하여 2,000만 원을 날리게 된다면 비록 아직 수익이 3,000만 원이나 남아 있을지라도 평소 100만 원으로 매매하던 사람이 하루에 2,000만 원이라는 큰돈을 날린 것이기 때문에 멘탈에 심각한 악영향을 줄 수 있습니다. 여기에서라도 복리의 마법을 멈추고 남은 수익의 대부분을 출금하고, 다시 이전처럼 100만 원이나 200만 원으로 매매하면 적은 금액으로 매매하게 되니 매매가 시시해질 수도 있습니다. 하지만 수익을 냈던 3,000만 원이라는 금액은 지킬 수 있습니다. 그렇게 되면 보유하고 있는 현금으로 안정감을 잡고 다시 천천히 수익을 내고 시드도 늘려가며 느리지만 단단하게 성장할 수 있습니다.

하지만 하루 2,000만 원이라는 큰돈을 날렸을 때 이 돈을 단기간에 메꾸려고 남은 3,000만 원으로 계속해서 무리한 매매를 이어나간다면 높은 확률로 남은 돈도 모두 잃을 가능성이 큽니다. 그렇게 되면 분명 처음 시작했던 금액인 100만 원만을 잃은 것이지만, 100만 원이 아닌 5,100만 원을 날렸다고 생각할 것입니다. 그리고 그 5,100만 원을 다시 벌기 위해 이제는 돈을 빌려서 매매하는 등의 악수를 둘 수도 있습니다. 빌린 돈마저 잃게 되면 되돌릴 수 있는 가능성이 희박해집니다. 이렇게 100만 원으로 단기간에 5,000만 원을 벌 수 있는 실력을 가진 트레이더도 순식간에 무너질 수 있습니다.

이것이 출금 없이 복리의 마법을 이용하여 매매하는 것의 무서움입니다. 그렇기 때문에 저는 실전투자대회에 참가할 때는 늘 평소에 매매하던 것보다 적은 시드로 참가합니다. 평소에 200만 원으로 매매했다면 100만 원으로, 평소에 5,000만 원으로 매매했다면 3,000만 원으로 참가하는 식으로요. 이렇게 하면 일단 단기간 출금하지 않아도 당분간의 생활비는 시드를 낮춰서 생긴 현금으로 충당하면 되니 걱정이 없습니다. 그리고 복리의 힘으로 시드가 불어난다고 해도 어느 정도까지는 평소에 매매하던 라인을 넘지 못할 테니 매매에 큰 지장을 주지 않을 것입니다.

그리고 혹시 시장이 정말 잘 맞아서 시드가 크게 불어나게 됐을 때는 겸손함만을 유지하면 됩니다. 갑자기 불어난 이 큰돈을 언제 모조리 잃을지 모른다는 불안감을 가지고 겸손하게 매매한다면, 크게 손실을 보는 날 대회보다 중요한 나의 피 같은 돈을 지키기 위해 대부분의 시드를 출금해 버리는 나의 모습을 볼 수 있을 것입니다.

혹시 그럼에도 불구하고 대회에 미련이 남아 출금을 못 하겠다면 이런 방법을 사용할 수도 있습니다. 삼성전자와 같은 우량한 종목의 하한가에 불어난 시드만큼의 금액으로 매수 주문을 넣어두는 것입니다.

가령 3,000만 원으로 매매했는데 1억 원이 됐다면 하한가에 7,000만 원에 매수 주문해 놓는 것입니다. 이렇게 하면 출금 없이 3,000만 원으로 매매하는 것과 같은 효과를 낼 수 있습니다. 그러나 매매가 안 풀린다고 감정적으로 이 주문을 취소하고 다시 1억 원으로 매매하게 된다면 안 좋은 결과를 맞이하게 될 수 있으니 이 부분은 꼭 절제하면 좋겠습니다.

만쥬에게 자주 묻는 질문

**Q1 대장주가 매매하기 더 편할 것 같은데 대장주 흐름을 보면서 왜 2
등주, 3등주를 매매하나요?**

A 대장주를 매매하면 매수는 몰라도 매도 기준을 잡기가 어렵기 때
문입니다. 후속주 매매는 대장주를 보고 확실하게 매도 기준을 잡
을 수 있어서 후속주 매매를 즐겨합니다.

Q2 주가가 같이 움직이는 종목을 빠르게 찾는 방법이 있을까요?

A 우선 매일 거래대금과 등락률 상위에 있는 특징주들을 같은 테마
별, 섹터별로 정리하는 습관을 들여야 합니다. 그러면 어느 순간부

터 같은 그룹에 속하는 종목들을 빠르게 판단할 수 있습니다.

Q3 보통 몇 퍼센트를 손절 기준으로 잡나요?

A 어떤 매매인지에 따라 차이가 있습니다. 짝꿍 매매처럼 변수를 보고 하는 매매는 퍼센트보다는 기준 종목을 보고 판단합니다. 반면 종가 베팅이나 단기 스윙 등 조금 길게 보는 매매의 경우 금액으로 판단하여 그 이상의 손실금은 나의 계좌에 좋지 않다고 판단이 될 때 손절합니다.

Q4 단타를 한 지 몇 개월이 지났는데 아직도 손절이 잘 안 되네요. 익절을 해도 욕심 때문에 결국 손절로 마무리하는 경우도 많습니다. 어떻게 하면 고칠 수 있을까요?

A 일단 매매에 절대로 욕심이라는 감정이 들어가면 안 됩니다. 확실한 기준을 세우고 주가가 기준에 맞게 잘 가주면 본인의 방법대로 수익 실현을 하면 되고, 기준이 무너지면 절대 기다리지 말고 기계처럼 손절해야 합니다.

저도 처음부터 이렇게 기계 같이 대응하는 것이 쉽지는 않았습니다. 하지만 이렇게 하지 않으면 절대 주식으로 성공할 수 없다고 생각하고, 어떻게든 해내기 위해 영상을 되돌려보고, 매매일지를 꾸준히 작성하는 등의 노력을 해왔습니다.

Q5 당일 매매하는 종목들은 어떻게 선정하나요?

A 전일 시간 외에 돈이 들어왔거나, 밤사이 뉴스가 있는 종목들을 관
심 종목에 추려 놓고 관찰합니다. 그리고 당일 등락률과 순간체결
량 등을 확인하면서 돈이 몰리는 종목이나 섹터가 있는지 확인합
니다.

**Q6 늘 미수를 사용하는 것 같은데 예수금이 적을 때도 미수를 사용했
나요?**

A 네, 소액일 때도 미수를 많이 사용해서 매매했습니다. 그 때문에 단
기간에 시드 대비 큰 금액을 잃기도 했지만, 덕분에 단기간에 큰 금
액을 벌기도 했습니다.

Q7 혹시 사용하는 검색식이 있나요?

A 검색식은 전혀 사용하지 않습니다.

**Q8 전체적인 시장의 추세 및 개별 종목에 대한 섹터의 추세를 파악하
는 노하우가 있나요?**

A 대단한 노하우는 없지만 관심 종목에 최근 크게 관심을 받았던 주
도주, 섹터, 테마 등을 정리해두고 확인합니다. 동시에 순간체결량,
VI, 전일대비등락률 상위 등을 보면서 어떤 섹터가 관심을 받고 상
승 추세를 만들어주는지 등을 확인합니다.

Q9 주도주를 찾아서 매매하면 곧 주가가 하락합니다. 그 말은 그날의 주도주가 아니라는 건데 살 때는 꼭 주도주처럼 보입니다. 어떻게 구분할 수 있을까요?

A 시장의 주도주는 늘 바뀌기 때문에 시장에서 돈의 이동에 집중하는 게 좋습니다. 주도주라고 생각했던 종목이 힘을 잃고, 또 다른 주도주가 생겨난다면 시장의 돈이 이동하는 것이기 때문에 이럴 때는 매매를 조심해야 합니다.

Q10 누적수익을 쌓아 가다가도 크게 한 방 맞으면 정신을 못 차리고 연속 손실이 납니다. 만쥬 님은 크게 손실이 나거나 연속 손실이 날 때 어떻게 대처하나요?

A 먼저 크게 한 방 맞지 않는 게 가장 중요합니다. 이미 맞아 버렸다면 무리하게 복구하려고 하지 말고 짧으면 일주일에서 길면 한 달까지 목표를 세워서 천천히 복구하는 게 좋습니다.

저도 크게 손실이 나거나 연속적으로 매매가 잘 안 되는 느낌이 들 때면 비중을 줄이고, 다시 잘 맞는 시장을 만나 자신감이 올라올 때까지 적은 비중으로 조금씩 매매합니다. 이렇게 하지 않으면 이 시장에서 오랫동안 살아남을 수 없습니다.

Q11 주식을 잘하려면 재능적인 요소가 많이 필요한가요?

A 재능보다 사람마다 잘 맞는 부분이 다르다고 생각합니다. 저는

쉴 새 없이 움직이는 것도 잘 캐치하고 판단도 빠른 편이지만, 대신 천천히 여유롭게 기다리는 것을 못 합니다. 그래서 저는 빠른 판단이 필요한 스캘핑 매매를 위주로 하고 있습니다.

만약 저와 반대의 성격을 가진 분이라면 저처럼 빠른 매매를 하기보다 천천히 여유롭게 잡아갈 수 있는 종가 베팅이나 스윙 매매, 혹은 중장기 투자 등을 하는 게 좋습니다.

Q12 만쥬란 이름은 무슨 뜻인가요?

A   제가 다니는 대학교에 있던 마스코트 고양이 이름입니다.

Q13 지금 전업 트레이더로 활동하고 계신데, 굳이 대학 졸업을 하시려는 이유가 있나요?

A   돈을 떠나서 대학 졸업은 인생이 어떻게 흘러갈지 모르니 꼭 필요하다고 생각하기도 하고, 20살 때 대출까지 받아 가며 수험 공부한 게 너무 아깝기도 하기 때문입니다.

Q14 입대 후에는 지금처럼 주식을 매매하기가 힘들 텐데, 이때는 어떤 계획을 가지고 있나요?

A   미국 주식 위주의 중장기 매매만 진행할 것 같습니다.

Q15 만쥬 님의 최종 목표는 무엇인가요?

A   자산 100억 원을 달성하면 단타 매매는 은퇴하고, 중장기 투자하면서 하고 싶은 일을 하거나 여행을 다니고 싶습니다.

Q16 그전부터 꾸준히 유기 동물 보호에 힘써오셨는데, 계기가 있나요?

A   힘든 시절에 여러 사람들로부터 도움받은 게 정말 많았습니다. 물리적인 도움뿐만 아니라 정신적인 도움까지도요! 그래서 이때 받은 은혜를 또 다른 힘든 이를 도와주는 쪽으로 갚고 싶었습니다. 마침 제가 동물을 정말 좋아하기도 하니 일단 유기 동물 위주로 돕고 있고, 나중에는 보육원 등에도 후원과 봉사활동 등을 할 계획입니다.

투자는 선택이 아닌 필수

아직 어리고 경험도 많이 부족한 제가 이렇게 저의 인생과 트레이딩 철학에 대해 이야기하는 것이 맞는지는 잘 모르겠습니다. 또 제 책을 통해 트레이딩의 길에 들어서는 분 중에 혹여나 좋지 않은 결과를 맞을까 염려스러운 점도 있습니다. 하지만 양지로 나와 여러 프로그램에도 출연하며, 많은 사람을 만나고 이야기를 나누다 보니 어쩌면 제 얘기가 다른 사람들에게 도움이 될 수도 있겠다는 생각이 들었습니다.

그래서 그동안 제가 겪은 여러 가지 경험과 그로 인해 형성된 제 생각들을 가감 없이 적어봤습니다. 부족함이 많을 저의 글이 누군가에겐 희망이 되고, 누군가에겐 반성이 되고, 깨달음이 되었으면 좋겠습니다.

마지막으로 한 가지 당부의 말씀을 드리고 싶습니다. 저는 앞으로의 세대를 살아가기 위해서 투자는 선택이 아닌 필수라고 생각합니다. 하지만 전업 투자는 다릅니다. 지금도 시장에서 수많은 전업 투자자가 퇴출되고 있습니다. 저는 5년 가까운 시간 동안 트레이딩을 하며 주변의 실력 있는 트레이더의 몰락을 많이 지켜봤습니다. 그 결과가 그 사람과 그 사람의 주변 사람들에게 얼마나 잔인한지도 잘 알고 있습니다. 그렇기 때문에 저도 누군가 이 길에 발을 들이려고 한다면 한 번은 말리려고 합니다. 하지만 그럼에도 불구하고 이 길을 걷고자 한다면 정말 죽을 각오로 하라고 말씀을 드리고 싶습니다.

여러분이 취미로 게임을 해서 프로게이머인 페이커를 절대로 이길 수 없는 것처럼, 이 분야에서 죽어라 하는 사람들 사이에서 살아남기 위해서는 그들보다 더 악착같이 노력하는 방법밖에는 없습니다.

MEMO